갑절의 영감을 주옵소서

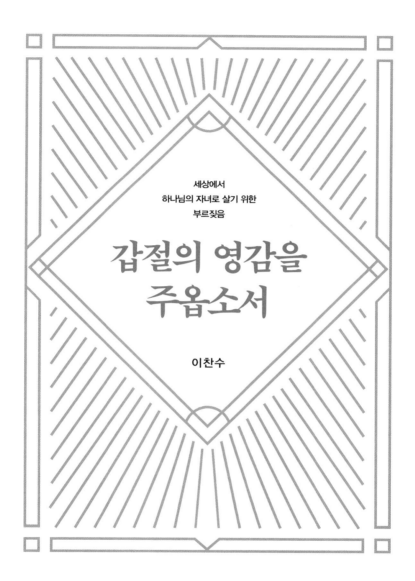

세상에서
하나님의 자녀로 살기 위한
부르짖음

갑절의 영감을
주옵소서

이찬수

규장

인트로

PART 03

믿음의 능력으로
살라

Let me inherit a double portion
of
your spirit

건너매 엘리야가 엘리사에게 이르되

나를 네게서 취하시기 전에

내가 네게 어떻게 할 것을 구하라

엘리사가 가로되 당신의 영감이

갑절이나 내게 있기를 구하나이다

왕하 2:9, 개역한글

"당신의 영감이 갑절이나 내게 있기를 구하나이다!"

여기에는 엘리사의 '절박함'이 담겨 있다.

왜냐하면 그 시대가 상상하기 어려울 만큼

악한 시대였기 때문이다.

놀라운 능력을 가지고 일했던 스승 엘리야도

로뎀나무 밑에 주저앉아서

"죽고 싶습니다, 하나님"이라고

절규할 수밖에 없을 만큼 악한 시대였기에

스승 엘리야가 갖고 있던 영적인 능력이 절실했던 것이다.

우리가 사는 이 시대도 마찬가지 아닌가?

앞날이 걱정되는 시대를 살아가는 우리이기에,

모두 절박한 심정으로 구해야 한다.

"하나님, 성령의 능력을 주시되, 갑절의 능력을 주시기 원합니다!"

이런 절박함으로 부르짖지 않는다면,

지금 정신 차려야 된다.

그럴 수 있는 시대가 아니다.

성령의 능력 없이는 절대로

하나님의 사람으로 살아갈 수 없는 시대다.

꼭 기억하라. 절박함이 능력이다.

절박함으로 구하는 기도가 능력의 원천이다!

Let me inherit a double portion of your spirit

01
PART

하나님의 사람으로
부르셨다

13 엘리야가 듣고 겉옷으로 얼굴을 가리고 나가 굴 어귀에 서매 소리가 그에게 임하여 이르시되 엘리야야 네가 어찌하여 여기 있느냐 14 그가 대답하되 내가 만군의 하나님 여호와께 열심이 유별하오니 이는 이스라엘 자손이 주의 언약을 버리고 주의 제단을 헐며 칼로 주의 선지자들을 죽였음이오며 오직 나만 남았거늘 그들이 내 생명을 찾아 빼앗으려 하나이다 15 여호와께서 그에게 이르시되 너는 네 길을 돌이켜 광야를 통하여 다메섹에 가서 이르거든 하사엘에게 기름을 부어 아람의 왕이 되게 하고 16 너는 또 님시의 아들 예후에게 기름을 부어 이스라엘의 왕이 되게 하고 또 아벨므홀라 사밧의 아들 엘리사에게 기름을 부어 너를 대신하여 선지자가 되게 하라

Chapter 1

희망의 대안으로
준비된 사람

내가 신학교에 들어가던 즈음, 사랑의교회의 명성이 대단했다. 교회가 건강하게 성장하고 있었을 뿐 아니라 당시 많은 신학생들이 본받고 싶어 하던 옥한흠 목사님이 담임목사로 사역하시던 교회였기 때문이다.

나도 당시 옥한흠 목사님의 설교와 목회를 보면서 '준비된 한 사람의 영향력이 얼마나 놀랍고 대단한가'라는 생각을 했다. 그래서 사랑의교회에 관심이 많았는데, 감사하게도 신학교를 졸업하던 해에 사랑의교회에서 부교역자로 사역할 수 있는 기회를 얻게 되었다.

내가 놀랐던 것은, 멀리서 볼 때의 사랑의교회는 옥한흠 목사님 한 분밖에 보이지 않았는데, 들어가서 보니 옥 목사님뿐만 아니라 성도들 중에 '준비된 한 사람'이 너무 많았다.

준비된 한 사람의 힘

가장 많이 놀랐던 것은 당시 평신도 지도자였던 순장들을 봤을 때였다. 잘 훈련된 순장들이 곳곳에 포진되어 있는 것을 보고 신학교를 졸업한 지 얼마 안 된 새내기 사역자였던 내 마음에 '이야! 이렇게 성도들이 잘 훈련된 교회라면 사탄이 공격할 수가 없겠다'라는 생각이 들었다.

주일학교 교사들도 잘 훈련되고 준비되어 있었다. 나는 사랑의교회에서 중고등부 사역을 십 년간 했는데, 그 준비된 교사들과 동역하는 시간이 내게는 꿈꾸는 것 같은 기쁨의 시간이었다. 그렇게 곳곳에 포진되어 있는 준비된 지도자들의 위력은 정말 대단했다.

'준비된 한 사람' 하면 잊히지 않고 떠오르는 분들이 또 있다. 당시 사랑의교회에는 '테이프 선교회'가 있었는데, 요즘이야 유튜브나 인터넷으로 설교를 듣기 때문에 설교 테이프를 찾는 사람이 없지만, 당시는 목사님이 설교를 마치면 그 설교를 카세트테이프로 신청하여 듣던 시대였다.

거기서 일하던 직원이 두 명이 있었는데, 그들은 공기도 잘 안 통하는 밀폐된 곳에서 아침부터 저녁 퇴근 시간까지 계속 테이프 복사를 했다. 수천 개의 테이프를 복사하고, 라벨을 붙이고, 우체국에 가져가서 발송하는 일을 했는데, 사실 얼마나 지루한 일이었겠는가?

하지만 그 일에 임하는 두 직원의 모습은 시간이 지날수록 내 마음에 감동으로 남아 되새겨졌다. 늘 기쁘고 당당하게, 또 자발적으로 맡은 일을 행하는 모습이 정말 잘 준비된 사람의 모습이었기 때문이었다.

내가 꿈꾸는 교회도 바로 그런 교회다. 담임목사 한 사람만 보이는 교회가 아닌, 잘 훈련된 평신도 지도자들이 곳곳에서 각자의 일을 감당하는 교회, 나는 그런 교회를 꿈꾼다.

준비된 한 사람의 힘은 타락한 시대일수록 더욱 힘을 발휘한다. 예레미야 시대에 '준비된 한 사람'을 찾으시던 하나님의 애타는 심정을 보라.

> 너희는 예루살렘 거리로 빨리 다니며 그 넓은 거리에서 찾아보고 알라 너희가 만일 정의를 행하며 진리를 구하는 자를 '**한 사람이라도 찾으면**' 내가 이 성읍을 용서하리라 렘 5:1

타락하여 심판의 위기를 맞은 상황에서 하나님은 '타락하지 않은 한 사람'을 절박하게 찾으신다. 그 한 사람 때문에 그 타락한 성읍을 용서하시기 위함이다.

이처럼 '준비된 한 사람'의 위력이 얼마나 대단한지 모른다. 이런 차원에서 엘리야와 엘리사의 이야기를 살펴보자.

절망에 빠진 엘리야

본문은 엘리야 선지자의 위기로 시작한다. 열왕기상 19장 4절은 엘리야의 상태를 이렇게 묘사한다.

> 자기 자신은 광야로 들어가 하룻길쯤 가서 한 로뎀 나무 아래에 앉아서 자기가 죽기를 원하여 이르되 여호와여 넉넉하오니 지금 내 생명을 거두시옵소서··· 왕상 19:4

지금 엘리야는 이렇게 사느니 차라리 죽고 싶다고 절규한다. 지금 엘리야는 왜 이렇게까지 절망하고 있는가? 그 힌트를 열왕기상 19장 10절에서 얻을 수 있다.

> 그가 대답하되 내가 만군의 하나님 여호와께 열심이 유별하오니 이는 이스라엘 자손이 주의 언약을 버리고 주의 제단을 헐며 칼로 주의 선지자들을 죽였음이오며 **오직 나만 남았거늘** 그들이 내 생명을 찾아 **빼앗으려 하나이다** 왕상 19:10

엘리야가 이토록 절망하게 된 원인 중 하나는, 자기 주변에 아무도 없다는 것이다. 그리고 자신도 이제는 너무 탈진되고 고갈되어 힘이 나지 않는다는 것이다. 이런 것이 그를 절망으로 몰고 갔다.

나는 엘리야의 절망이 공감되고 이해된다. 아마도 어떤 일에 모든 것을 다 걸고 달려갔다가 탈진을 맛본 사람이라면 엘리야에게 찾아온 마음의 병을 이해할 수 있을 것이다.

엘리야는 악이 절정에 달하던 시대에 '아합'이라는 악한 왕 앞에서 자신의 모든 것을 걸고 악의 권력과 투쟁하며 싸웠다. 그렇게 싸우며 그는 믿었다. 이렇게 자신이 모든 것을 걸고 악한 대적과 싸우면 반드시 악이 물러가고 하나님의 놀라운 역사로 하나님의 공의가 살아나는 시대가 올 것이라고.

엘리야는 이런 꿈을 가지고 자신의 모든 것을 걸고 달려갔고, 바알 선지자들과의 영적 대결에서 승리했다. 그때만 해도 엘리야는 승리에 대한 기쁨과 성취감으로 가슴이 벅차올랐을 것이다.

그런데 정신 차리고 보니 달라진 것이 없었다. 오히려 악한 권력자 이세벨이 더욱 날뛰고 있었다. 이제는 공개적으로 엘리야의 목숨을 노리고 있었다. 이세벨은 '엘리야를 가만두지 않겠다. 그를 반드시 죽이겠다'라고 공언했고, 이런 상황 앞에 놓인 엘리야의 마음은 무너져버렸다.

그 결과로 그가 '로뎀 나무 아래서 죽고 싶습니다'라고 하는 데까지 이른 것이다.

엘리야가 보지 못한 것

절망할 수밖에 없는 엘리야의 상황은 이해가 간다. 그런데 하나님께서는 마음이 무너져 절망하던 엘리야를 내버려두지 않으셨다. 하나님은 절망하는 엘리야에게 새로운 대안을 제시하시며 이런 명령을 내리신다.

> 너는 또 님시의 아들 예후에게 기름을 부어 이스라엘의 왕이 되게 하고 또 아벨므홀라 사밧의 아들 엘리사에게 기름을 부어 너를 대신하여 선지자가 되게 하라 … 그러나 내가 이스라엘 가운데에 칠천 명을 남기리니 다 바알에게 무릎을 꿇지 아니하고 다 바알에게 입맞추지 아니한 자니라 왕상 19:16,18

엘리야는 지금 '오직 나만 남았다'라고 절망하고 있는데, 하나님께서는 아직도 남아 있는 칠천 명이 있다는 말씀과 함께 "엘리사에게 기름을 부어 너를 대신하여 선지자가 되게 하라"라는 새롭고 구체적인 대안을 제시해주셨다. 하나님은 엘리야 인생의 막다른 골목에서의 절망을 막기 위해 후계자 엘리사를 준비시키고 계셨던 것이다.

나는 여기서 볼 수 있는 엘리야의 위기를 '단절의 위기'라고 이름 붙여보았다. 인간이 갖는 치명성이 바로 이것이다. 우리에게는 한계가 있다. 내 한계 너머를 내다볼 수 없어서 단절되고 마는 것이다. 자신의 에너지는 이미 다 고갈되었고, 주변에는 아무도 없다고 느껴져서 아무리 생각해도 희망을 찾을 수 없다는 게 단절의 위기에 빠진 엘리야의 절망이었다.

그러나 이런 엘리야의 생각을 뛰어넘는 하나님의 대안이 있었다. 그 대안이 바로 엘리사다. 엘리사는 절망적인 엘리야에게 있어서 '희망의 대안으로 준비된 사람'이었던 것이다.

엘리사뿐만 아니라 우리 모두가 하나님이 제시하시는 이 시대의 대안이 될 수 있다. 우리가 다 이런 꿈을 품고 나아가면 좋겠다. 그러기 위해선 동전의 양면과 같은 두 가지 삶의 목표를 세우고 기도하며 나아가야 한다. 어떤 목표를 세워야 하는가?

목표 1. 내가 잘 준비된 사람이 되어야 한다

우리가 꿈꿔야 할 첫 번째 목표는 우리 스스로가 '잘 준비된 사람이 되기'를 꿈꾸는 것이다.

열왕기상 19장에서 발견할 수 있는 엘리사의 진면목은 하나님의 부르심에 대해 즉각 반응할 수 있는 '잘 준비된 사람'이라는 것이다.

> 엘리야가 거기서 떠나 사밧의 아들 엘리사를 만나니 그가 열두 겨릿소를 앞세우고 밭을 가는데 자기는 열두째 겨릿소와 함께 있더라 엘리야가 그리로 건너가서 겉옷을 그의 위에 던졌더니 그가 소를 버리고 엘리야에게로 달려가서 이르되 왕상 19:19,20

여기서 "열두 겨릿소"라고 할 때 '겨리'는 소 두 마리가 함께 끄는 쟁기를 말한다. 즉, '겨릿소'는 멍에를 함께 맨 한 쌍의 소를 말하는 것이다. 그러니까 열두 겨릿소를 가지고 밭을 간다는 것은 소 스물 네 마리를 동원해서 밭을 간다는 말이다.

엘리사는 가진 게 많은 사람이었다. 열두 겨릿소, 다시 말해 스물 네 마리의 소를 동원해서 밭을 갈고 있었고, 그 많은 소들과 함께 일하는 많은 일꾼을 거느리고 있었다. 가진 것이 많을수록 부르심에 결단하기 어렵다. 그런데 엘리사는 하나님의 부르심 앞에서 망설임 없이 바로 결단한다.

> 그러자 엘리사는 소를 버려두고 엘리야에게로 달려와서 말하였다.
>
> 왕상 19:20, 새번역

여기 나오는 '그러자'는 하나님의 부르심에 즉각적으로 순종하는 엘리사의 모습을 볼 수 있는 표현이다.

그뿐 아니라 엘리사는 소의 기구를 다 태워버린다. 되돌아서지 않겠다는 결의를 보여주는 장면이다.

> 엘리사가 그를 떠나 돌아가서 한 겨릿소를 가져다가 잡고 소의 기구를 불살라 그 고기를 삶아 백성에게 주어 먹게 하고 일어나 엘리야를 따르며 수종 들었더라 왕상 19:21

하나님을 따를 준비가 잘 되어 있던 엘리사의 모습이다.

준비된 한 사람의 위력

이처럼 엘리사는 하나님의 부르심에 즉각 응답할 정도로 잘 준비된 사람이었기에 위기의 때에 놀랍게 쓰임 받는 인물이 될 수 있었다.

잘 준비된 엘리사 한 사람의 영향력이 얼마나 대단했는지는 열왕기하 6장에서 단적으로 볼 수 있다. 열왕기상 6장에 북이스라엘과 아람 군대가 전쟁을 벌이는 내용이 나오는데, 아람 왕이 기습 공격을 감행하면 북이스라엘은 마치 그 기습 공격에 대비라도 한 것처럼 바로 대응하여 아람은 기습 공격에 매번 실패했다. 아람 왕의 입장에서 보면, 기습 공격이란 글자 그대로 상대방의 허를 찌르는 공격인데 북이스라엘에서 이를 어떻게 알고 바로바로 대응하는지 도무지 알 수 없는 노릇이었다.

'아니, 북이스라엘의 정보력이 이렇게 대단하단 말인가? 혹시 우리 내부에 적과 내통하는 스파이가 있는 게 아닌가?'

아람 왕은 이런 의심을 가지고 조사해보았다. 그러자 그의 신복 중에 한 사람이 이렇게 말했다.

그 신복 중의 한 사람이 이르되 우리 주 왕이여 아니로소이다 오직 이스라엘 선지자 엘리사가 왕이 침실에서 하신 말씀을 이스라엘의 왕에

게 고하나이다 하는지라 왕하 6:12

그러니까 당시 강대국이었던 아람 군대의 기습 공격을 막을 수 있었던 것은 북이스라엘의 강한 군사력이나 정보력 때문이 아니라, 엘리사 한 사람 때문이라는 것이다. 내부에 적과 내통하는 사람이 있어서가 아니라 영적 분별력을 가진 엘리사 한 사람의 영향력 때문에 전쟁에서 패한 것이다. 준비된 한 사람의 위력이 이렇게 놀랍다.

위기의 때를 위해 준비되었던 사람, 다윗

성경에 보면 이처럼 각 시대마다 하나님께서 위기의 때를 위해 준비시키시는 사람이 있었는데, 그 대표적인 인물이 다윗이다.

전쟁 중에 이스라엘 백성들이 만난 골리앗은 상상을 초월하는 괴물이었다. 그 괴물 골리앗의 등장으로 모든 군사가 두려워 떨고 있을 때에 하나님께서 준비해두신 한 사람, 다윗이 등장한다.

모두가 두려워하는 전쟁 상황에서 다윗의 말이 굉장히 도발적이다.

다윗이 곁에 서 있는 사람들에게 말하여 이르되 이 블레셋 사람을 죽여 이스라엘의 치욕을 제거하는 사람에게는 어떠한 대우를 하겠느냐

삼상 17:26

그리고 골리앗을 향해서는 이렇게 말한다.

> 이 할례 받지 않은 블레셋 사람이 누구이기에 살아 계시는 하나님의
> 군대를 모욕하겠느냐 … 너는 칼과 창과 단창으로 내게 나아 오거니와
> 나는 만군의 여호와의 이름 곧 네가 모욕하는 이스라엘 군대의 하나님
> 의 이름으로 네게 나아가노라 삼상 17:26,45

모두가 두려워 떨고 있던 상황에서 다윗이 골리앗에게 이런 놀라운 도전장을 던질 수 있었던 것은 그의 손에는 오랫동안 준비해 온 물맷돌이 들려 있었기 때문이다.

중요한 것은 다윗의 손에 들려진 물맷돌은 골리앗을 잡으려고 준비한 도구가 아니라는 사실이다. 목자였던 다윗은 사나운 짐승들로부터 자기에게 맡겨진 양을 지키기 위해 물맷돌을 사용했다. 그러니까 다윗이 물맷돌을 준비했던 장소는 자기 삶의 현장, 요즘으로 치면 직장에서 만들어낸 도구였다.

다윗은 일상생활에서 자기에게 주어진 역할에 최선을 다하는 과정에서 물맷돌이라는 놀라운 도구를 만들어냈으며, 그 도구가 결정적인 순간에 나라를 구하는 기적의 도구가 된 것이다. 여기에 중요한 원리가 담겨 있다.

일상에서 최선을 다하는 중에 나만의 물맷돌을 준비해야 한다는 것이다. 당신의 손에는 삶의 현장에서 최선을 다하는 과정에서 만들

어낸 물맷돌이 들려 있는가? 이제라도 각성해야 한다. 물맷돌을 준비해야 한다.

흉년의 때를 위해 준비되었던 사람, 요셉

요셉도 마찬가지다. 요셉은 닥쳐올 세계적인 칠 년 흉년을 대비하기 위한 하나님의 대안이었다.

그런데 여기에도 중요한 포인트가 하나 있다. 자기 형제들에 의해 애굽으로 팔려 간 절망적인 사건이 나중에 칠 년 흉년을 대비한 하나님의 큰 그림으로 승화될 수 있었던 비결은 엉뚱한 곳에 인생을 허비하지 않던 성실한 요셉의 삶의 태도가 있었기 때문이다. 만약에 요셉이 보디발의 아내의 성적인 유혹에 쉽게 무너져버렸다면, 하나님의 계획은 어떻게 되었겠는가?

요셉의 위대함이 여기에 있다. 그는 하나님을 믿는 사람답게 눈앞의 시시한 것들에 넘어가지 않았다. 그가 원대한 하나님의 뜻과 계획을 다 알고 있었기 때문에 그렇게 한 것이 아니다. 그저 하루하루 자기 삶에서 하나님의 사람답게 정직하고 바르게 선택하고 행동한 것이다. 이것이 모여 한 시대를 위기로부터 구하는 엄청난 에너지가 되었다.

나는 한 교회의 담임목사로서 우리 교회의 젊은 부목사들이 멀리 보고 준비하기를 늘 바라고 있다. 그래서 조언과 잔소리도 많고, 때로는 "하나님, 우리 교회 부목사들이 멀리 내다보는 눈을 가지고 소탐대실하지 않게 하옵소서. 충동에 의해 성적으로 죄를 짓는 일이 없게 하옵소서. 돈에 마음 빼앗기는 일이 없게 하옵소서"라고 기도하곤 한다.

그리고 그 잣대를 나 스스로에 대해서도 엄격하게 적용하려고 몸부림친다.

오늘 우리 시대는 위기의 때를 위해 준비되었던 다윗이나 요셉 같은 인물을 필요로 하는 시대다. 이런 점에선 성경의 인물 노아도 마찬가지다.

심판의 때를 위해 준비되었던 사람, 노아

어느 날 새벽에 주일학교에서 부르던 어린이 찬양이 툭 떠오르면서 노아가 내 마음에 큰 감동으로 다가왔다. "노아 할아버지 배를 짓는다 노아 할아버지 배를 짓는다 높은 산 꼭대기에다 배를 짓는다"라는 가사다. 배를 짓는데, 높은 산 꼭대기에다 짓는다는 것이다.

배는 바닷가 옆에서 지어야 하는데 왜 산꼭대기에서 짓는 것인가? 노아는 위기의 때를 위해 예비하신 하나님의 대안이기 때문이다.

노아가 하나님의 심판에 대비하여 산꼭대기에다 배를 짓는데, 그다음 가사가 압권이다. "앞집에 김 서방 뒷집에 박 서방 모두 모두 반대하여도 높은 산 꼭대기에다 배를 짓는다"라고 하면서, 이 세상 그 누가 반대해도 하나님의 말씀대로만 배를 짓겠다는 노아의 결의를 이렇게 표현한 것이다.

이 가사가 감동이었다. 노아가 배를 짓기 시작했을 때 당시 악했던 세상 사람들이 얼마나 조롱했겠는가? "배를 산꼭대기에 짓다니, 노아가 미쳤구나"라고 하면서 말이다.

악한 이 시대에 신앙 생활하는 우리도 마찬가지다. 노아처럼 세상과 역행해야 하는 순간이 우리 앞에 펼쳐지는 것을 막을 수 없다. 그리고 그 과정에서 조롱과 수모를 피할 길이 없다. 그럴 때마다 노아를 떠올리자. 끝까지 수모를 견뎌내면서 하나님의 뜻을 저버리지 않았던 노아를 떠올리자.

이런 생각을 하다 보니 그 조롱을 참아준 노아 할아버지가 새삼 귀하게 느껴졌다. 우리도 노아처럼 조롱과 수모를 참고 견디면서 이렇게 되뇌자.

'나는 이 위기의 때에 하나님이 대안으로 준비해두신 하나님의 사람이다.'

우리는 이 악한 시대 속에서 무엇을 견디고 있는가? 세상에 젖어서 세상의 악한 흐름에 순응하며 살지 않도록 성령께서 우리를 붙잡아주시기를 바란다. 우리가 시대 시대마다 위기의 때에 하나님이 준비해 놓으시는 하나님의 대안이란 사실을 기억하자.

목표 2. 사람을 잘 키우는 사람이 되어야 한다

우리가 꿈꾸어야 할 두 번째 목표는 사람을 키우는 것이다.

엘리야 선지자가 왜 절망하고, 왜 낙심했는가? 자기 혼자만 남았다고 생각했기 때문이다.

그의 머리에는 후계자에 대한 그림이 없었다. 그런 그림이 없었기에 엘리야는 낙심하고 절망했다. 그런데 하나님께서 발상의 전환을 주셨다. '너 아니어도 된다'는 것이다. 후계자 엘리사가 준비되어 있다는 것이다.

이런 관점에서 본문을 보니, 굉장히 중요한 포인트가 보였다. 하나님은 엘리야에게 엘리사를 기름 부어서 후계자로 삼으라고 명령하셨는데, 그때 그 명령 하나만 하신 게 아니라 총 세 가지 명령을 하셨다. 열왕기상 19장 15,16절을 보자.

> 여호와께서 그에게 이르시되 너는 네 길을 돌이켜 광야를 통하여 다메섹에 가서 이르거든 하사엘에게 기름을 부어 아람의 왕이 되게 하고 너는 또 님시의 아들 예후에게 기름을 부어 이스라엘의 왕이 되게 하고 또 아벨므홀라 사밧의 아들 엘리사에게 기름을 부어 너를 대신하여 선지자가 되게 하라 왕상 19:15,16

첫 번째 명령이 무엇인가?

"하사엘에게 기름을 부어 아람의 왕이 되게 하고."

두 번째 명령은 무엇인가?

"너는 또 님시의 아들 예후에게 기름을 부어 이스라엘의 왕이 되게 하고."

그리고 세 번째 명령이 바로 엘리사에 대한 명령이다.

"또 아벨므홀라 사밧의 아들 엘리사에게 기름을 부어 너를 대신하여 선지자가 되게 하라."

중요한 것은, 하나님께서는 이처럼 엘리야에게 세 가지 명령을 주셨는데 엘리야는 이 세 가지 명령 중에 딱 한 가지, '엘리사에게 기름을 부어 자기를 대신하는 선지자가 되게 하라'는 맨 마지막 명령만 이루었다. 그리고 그의 후계자 엘리사는 엘리야가 행하지 못했던 두 가지 명령을 이루어 냈다. 여기에 중요한 원리가 있다. 이 말씀으로 큰 깨달음을 얻었다.

'내가 내 대에서 모든 것을 다 하려고 하지 않아도 되는 것이구나!'

나는 벌써 분당우리교회 2대 담임목사를 위해 기도하고 있다. 그리고 대한민국의 다음세대를 이끌고 갈 젊은 목회자들을 위해 기도한다. 그리고 '나 아니면 안 된다'라는 생각을 버리려고 애쓴다. 이것이 엘리야처럼 탈진으로 쓰러지고, 나만 홀로 남았다고 탄식하는 초라함을 막을 수 있다고 믿는다. 이런 비극을 막기 위해서는 사람을 키워야 한다. 언제든지 마음 편히 내려놓을 수 있도록 사람을 키워야 한다.

이 두 가지를 기억하자. 동전의 양면처럼, 나 스스로가 잘 준비된 사람이 되도록 최선을 다할 뿐 아니라, 다음세대를 섬기고 키우는 일에 전념해야 한다. 이것이 '희망의 대안으로 준비된 사람들'이 해야 할 사명이다.

19 엘리야가 거기서 떠나 사밧의 아들 엘리사를 만나니 그가 열두 겨릿소를
앞세우고 밭을 가는데 자기는 열두째 겨릿소와 함께 있더라 엘리야가 그리
로 건너가서 겉옷을 그의 위에 던졌더니 20 그가 소를 버리고 엘리야에게로
달려가서 이르되 청하건대 나를 내 부모와 입맞추게 하소서 그리한 후에 내
가 당신을 따르리이다 엘리야가 그에게 이르되 돌아가라 내가 네게 어떻게
행하였느냐 하니라 21 엘리사가 그를 떠나 돌아가서 한 겨릿소를 가져다가
잡고 소의 기구를 불살라 그 고기를 삶아 백성에게 주어 먹게 하고 일어나
엘리야를 따르며 수종 들었더라

Chapter 2

하나님이
부르실 때

앞 장에서, 엘리사는 위기의 때에 하나님께서 준비시키신 사람이라고 설명했다. 하나님께서는 낙심한 엘리야에게 열왕기상 19장 16절 말씀을 대안으로 주셨다.

> 너는 또 님시의 아들 예후에게 기름을 부어 이스라엘의 왕이 되게 하고 또 아벨므홀라 사밧의 아들 엘리사에게 기름을 부어 너를 대신하여 선지자가 되게 하라 왕상 19:16

이렇게 하나님은 절망한 엘리야 선지자의 대안으로 엘리사를 부르시는데, 이번 장에서 살펴보고 싶은 것은 이처럼 하나님께서 준비시키신 사람들은 하나님의 부르심을 받을 때 '어떤 태도를 취하는가'에 대해서다.

하나님은 삶의 현장에서 부르신다

위기의 때에 부르심을 받은 엘리사를 살펴보면 굉장히 중요한 모습들이 눈에 들어온다.

첫 번째로 발견되는 사실이 있는데, 하나님께서는 엘리사를 그의 삶의 현장에서 부르셨다는 것이다.

> 엘리야가 거기서 떠나 사밧의 아들 엘리사를 만나니 그가 열두 겨릿소를 앞세우고 밭을 가는데 자기는 열두째 겨릿소와 함께 있더라 엘리야가 그리로 건너가서 겉옷을 그의 위에 던졌더니 왕상 19:19

하나님께서 엘리사를 찾으신 곳은 엘리사의 삶의 현장, 다시 말해 엘리사가 열두째 겨릿소와 함께 열심히 밭을 갈고 있을 때 그를 찾아 부르셨다.

이 부분을 보면서 시편 78편의 말씀이 떠올랐다.

> 또 그의 종 다윗을 택하시되 양의 우리에서 취하시며 젖 양을 지키는 중에서 그들을 이끌어내사 그의 백성인 야곱, 그의 소유인 이스라엘을

기르게 하셨더니 시 78:70,71

하나님이 그의 종 다윗을 택하시되 '양의 우리'에서 그를 취하셨다
는 말씀은 굉장히 중요한 의미를 갖고 있다. 하나님께서 왜 양의 우
리에서 다윗을 택하셨는가 하니까, 두 가지 점검을 위해서다. 72절
을 보자.

이에 그가 그들을 자기 마음의 완전함으로 기르고 그의 손의 능숙함으
로 그들을 지도하였도다 시 78:72

하나님께서 다윗의 삶의 현장에서 점검하신 두 가지는 '마음의 완
전함'과 '손의 능숙함'이다. 하나님은 이 두 가지 균형을 갖춘 사람을
원하신다.

앞 장에서 '준비된 한 사람'의 예로, 사랑의교회 테이프선교회에서
성실하게 일했던 두 직원을 언급했는데, 오랜 시간이 지나도 그 두
직원의 모습이 잊히지 않는 이유에 대해 생각해봤더니 그들이 바로
이 두 가지 모습을 가지고 있었기 때문이다.

그들은 일의 경중을 따지지 않고 자기에게 맡겨진 일이라면 성실
하게 최선을 다했다. 테이프 하나를 복사하는 일이라도 잘 만들어서
잘 전달하고자 하는 '마음의 완전함'이 있었다. 그래서 최선을 다해
맡겨진 일을 했더니 '손의 능숙함'이 생겨났다. 조용하고 내성적인 성

격이어서 말수도 별로 없었지만, 그러나 자신들의 일에 있어서만큼은 전문가 중의 전문가였다.

하나님은 오늘도 이런 사람들을 기뻐하신다. 하나님께서 다윗을 삶의 현장에서 부르신 이유도 그가 마음의 완전함과 손의 능숙함, 이 두 가지를 겸비했기 때문이다.

예수님도 삶의 현장에서 제자를 부르셨다

예수님이 제자들을 부르시던 원리도 마찬가지다. 예수님도 제자들을 삶의 현장에서 부르셨다.

> 갈릴리 해변에 다니시다가 두 형제 곧 베드로라 하는 시몬과 그의 형제 안드레가 바다에 그물 던지는 것을 보시니 그들은 어부라 말씀하시되 나를 따라오라 내가 너희를 사람을 낚는 어부가 되게 하리라 하시니
>
> 마 4:18,19

예수님이 보시기에 고기 잡는 일에 최선을 다하는 그 모습이 귀하고 아름다웠을 것이다. 그게 삶의 현장에서 제자들을 부르셨던 우리 주님의 마음이다.

사도 바울도 마찬가지다. 주님이 바울을 어디에서 부르셨는가? 흔히 '다메섹 도상'이라고 하는데, 다메섹 도상에서 바울이 무슨 일

을 하고 있었는가?

> 사울이 주의 제자들에 대하여 여전히 위협과 살기가 등등하여 대제사
> 장에게 가서 다메섹 여러 회당에 가져갈 공문을 청하니 이는 만일 그
> 도를 따르는 사람을 만나면 남녀를 막론하고 결박하여 예루살렘으로
> 잡아오려 함이라 행 9:1,2

바울은 예수 믿는 사람을 잡으러 다메섹으로 가고 있었다. 그 나
름의 삶의 현장이다. 예수께서 보시니, 바울이 예수 믿는 사람을 잡
으러 다니는 일에 온 정성을 다하며 자기 목숨을 걸고 다니는 게 아
닌가.

예수님은 그런 바울의 모습을 보고 '이 사람이 잘못 알고 잘못 배
워서 지금 엉뚱한 짓을 하고 있지만, 그를 바르게 지도하면 그 에너
지가 엄청나겠다' 싶으셔서 부르신 것이 아닐까?

물론 나의 우스꽝스러운 추측이지만, 바울도 나름대로 최선을 다
하던 자기 삶의 현장에서 부르심을 받았다. 주님의 부르심을 받은
이후의 바울을 보라. 예수께서 그를 부르셔서 그의 생각을 교정시켜
주시니 그가 주의 나라와 복음을 위해 얼마나 열정적으로 사역했는
가? 예수님을 제대로 만난 사도 바울은 예수님과 복음을 전하는 일
에 자신의 목숨을 걸고 열심을 다했다.

이 일을 하다가 죽을 것처럼

예전에 청소년 사역을 할 당시, 매년 12월이 되면 교사 수급 때문에 고민이 많았다. 청소년 사역이 얼마나 힘든가? 특히 중등부는 정말 힘들다. 그러니 교사들이 일 년을 못 버티고 그만두는 경우가 많았다. 약 이백 명 되는 교사 중에 육칠십 명은 그만두었다.

내게 찾아와서 '올해까지만 하고 교사를 그만두겠다'라고 말하면 나는 '잘 알겠다, 이해한다'라고 말해주었다. 그러면서 교사 교육을 할 때면 항상 이런 이야기를 했다.

"여러분, 너무 힘드시죠? 올 연말에 그만두셔도 됩니다. 너무 힘든데 억지로 하면 병 생기니까 너무 힘드신 분들은 올 연말까지만 하고 그만두셔도 됩니다. 너무 걱정하지 마세요."

그러고 딱 한 마디를 더했다.

"그런데요 선생님들, 올 연말까지 하고 그만두셔도 괜찮은데, 하는 동안만큼은 이것 하다가 죽을 사람처럼 해주세요. 한 주만 더 하고 그만두더라도 하는 동안에는 이 아이들을 위하여 내 모든 것을 다 걸고 모든 것을 던지겠다는 마음으로 해주세요."

그 권면에 도전받고 '설령 올 연말에 그만둘지언정 하는 동안만큼은 이 일을 하다가 죽을 사람처럼 최선을 다하겠다'라고 다짐하면서 아이들을 섬기는 데 모든 것을 다 쏟아붓던 교사가 많았다.

나도 아이들 때문에 정말 힘들었다. 중등부 사역을 할 때 아이들이 얼마나 힘들게 했는지, 하나님께 이런 기도를 많이 했다.

'하나님, 저 아이들을 사랑할 수 있는 마음을 주세요. 저 인간들 좀 사랑할 수 있게 해주세요.'

오죽하면 이런 기도를 했겠는가? 힘든 사춘기 아이들이라 이런 절박한 기도를 드리면서 사역했다. 틈틈이 아이들의 삶의 현장인 학교나 학원을 심방하면서 열심히 사 먹였다.

어른들에게 내가 밥 사드린다고 하면, 보통 내 사정을 배려하며 가장 싼 것을 고른다. 그런데 중고등부 아이들에게 원하는 것을 고르라고 하면 그들은 덜덜 떨리는 것들을 고른다. 패밀리 레스토랑에 가자고 하는 아이도 있었다.

그렇게 밉상스러운 아이들인데, 진짜 마음을 다해서 사랑하게 해달라고 기도했더니, 그 아이들이 정말로 예뻐졌다. 사랑하게 되었다. 그 경험을 통해 알게 된 것이 있다. 사랑도 은사라는 것이다. 그렇기 때문에 내 감정에 맡겨두지 말고 사랑을 구해야 한다. 하나님이 주시면 할 수 있게 된다.

매일매일 하루를 시작할 때마다 하나님이 우리에게 주시는 첫 번째 도전은, 우리가 삶의 현장에서 어떤 자세를 가지고 살아가는가 하는 것이다. 하나님은 우리가 우리에게 주어진 하루를 최선을 다해, 마음의 완전함과 손의 능숙함을 가지고 오늘 내게 맡겨진 일을 하다가 죽을 것처럼 성실히 살아내기를 원하신다. 하루하루 그렇게 살아내는 우리 모두가 되기를 바란다.

이런 점에서 나의 마음에 구호가 있다.

> 그 주인이 이르되 잘하였도다 착하고 충성된 종아 네가 적은 일에 충
> 성하였으매 내가 많은 것을 네게 맡기리니 네 주인의 즐거움에 참여할
> 지어다 하고 마 25:23

하나님은 우리가 적은 일에 충성할 때 많은 것을 맡기신다. 이 원
리를 잊으면 안 된다.
그런데 반대의 경우는 어떠한가?

> 한 달란트 받았던 자는 와서 이르되 주인이여 당신은 굳은 사람이라
> 심지 않은 데서 거두고 헤치지 않은 데서 모으는 줄을 내가 알았으므
> 로 두려워하여 나가서 당신의 달란트를 땅에 감추어 두었었나이다 보
> 소서 당신의 것을 가지셨나이다 마 25:24,25

한 달란트 받았던 자가 주인에게 이렇게 말하자, 그 주인의 대답
이 이렇다.

> 그 주인이 대답하여 이르되 악하고 게으른 종아 … 그에게서 그 한 달
> 란트를 빼앗아 열 달란트 가진 자에게 주라 마 25:26,28

"악하고 게으른 종아!"

이 한마디는 내 마음에서 종종 떠올리는 외침이다.

예수님의 이 말씀에서 중요한 포인트 하나를 발견하는데, 예수님의 관점으로는 '악한 것과 게으른 것'이 같다는 것이다. 예수님은 지금 악한 것과 게으른 것을 동등하게 취급하고 계신다.

예수 믿는 사람 중에 아주 악한 사람은 별로 없다. 하지만 우리가 기억해야 할 것이 있다. 우리가 악하게 살지 말아야 할 뿐 아니라 시시하게 살면 안 된다는 것이다. 그 이유가 여기 있다. 악한 것과 게으른 것, 주님은 이 두 가지를 같은 기준으로 취급하고 계시다는 사실을 기억해야 한다.

"악하고 게으른 종아!" 이 책망을 두려움으로 기억하면서, 우리가 다 악하지 않은 삶을 살 뿐 아니라 게으르지 않은 삶을 살게 되기를 바란다.

즉시, 모든 것을 버린다

두 번째로 살펴볼 것이 있다. 첫 번째로 살펴본 것이 하나님께서 엘리사를 그의 삶의 현장에서 부르셨다는 사실이라면, 두 번째로 살펴볼 것은 그 부르심에 대한 엘리사의 태도다.

엘리사가 밭 가는 일에 열심이 있었다는 것은 거기에 마음을 쏟았다는 것인데, 하나님의 부르심이 있자 엘리사는 열정적으로 갈던 밭과 소와 도구들을 금세 포기했다.

> 그가 소를 버리고 엘리야에게로 달려가서 이르되 청하건대 나를 내 부
> 모와 입맞추게 하소서 그리한 후에 내가 당신을 따르리이다 엘리야가
> 그에게 이르되 돌아가라 내가 네게 어떻게 행하였느냐 하니라
>
> 왕상 19:20

  그러고는 21절에서 한 겨릿소를 가져다가 잡고 소의 기구를 불살
라버린다. 앞에서도 말했듯이 엘리사는 부자였다. 이 말의 의미가 무
엇인가? 부르시는 하나님의 말씀에 순종하여 하나님을 따른다고 할
때 포기해야 할 것이 많은 사람이란 뜻이다. 그럼에도 불구하고 엘리
사는 그 즉시로 소를 버리고 바로 엘리야에게로 달려갔다.
  나는 여기서 중요한 메시지를 또 하나 발견했다. 우리가 인생의
어떤 변화를 꿈꾸고 하나님의 뜻을 구할 때, 그 과정에서 어디에 마
음을 쏟아야 하고 어디에 마음을 쏟지 말아야 하며, 어디에 신경을
쓰고 어디에 신경을 쓰지 말아야 하는지 구별할 수 있어야 한다는 것
이다.

깊이 생각할 것과 생각하지 말아야 할 것
  내가 미국에서 잡화가게를 하고 있을 때, 갑자기 인생의 전환이 되

는 하나님의 말씀을 받았다.

'한국으로 돌아가라. 그리고 목사가 돼라. 청소년들을 도와라.'

처음 이 말씀을 받았을 때 나는 깊이 고민하고 고뇌하는 시간을 보냈다.

'이것이 진짜 하나님의 뜻이 맞나? 내 마음의 충동 아닌가?'

이 문제를 고심하는 데 나는 두 달 이상의 시간을 보냈다. 내 마음에 드는 이 생각이 정말 하나님의 뜻이 맞는지, 아니면 그저 내 마음의 충동이어서 한국에 돌아갔다가 '이게 아닌가 봐' 하고 금방 마음이 바뀌어 도로 미국으로 온다고 하는 것은 아닌지, 정말 오랜 시간 깊이 고뇌하며 하나님의 뜻을 구했다.

나는 내 생각으로만 고심하면 안 되니 성경을 일독하기로 했다. 당시 가게를 오픈한 지 얼마 안 되어 할 일이 매우 많았는데도 창세기부터 요한계시록까지 성경을 읽으면서 하나님의 뜻을 구했다. 하나님의 뜻을 구하는 데 온 시간과 정성을 다 쏟았다.

그렇게 창세기부터 읽기 시작하여 소선지서쯤 읽는데 내 마음에 '이건 부인할 수 없는 하나님의 부르심이다'라는 생각이 들면서 확신이 왔다. 성경은 계속해서 요한계시록까지 읽어 갔지만, 마음은 이미 확정됐었다.

그래서 바로 총신대학교 신학대학원에 입학을 문의하는 편지를 쓰고, 한국으로 갈 채비를 했다.

일단 하나님의 뜻이 맞다는 확신이 들자 다른 생각은 안 했다. 그 과정에서 얼마나 급하게 움직였는지, 한국에 들어온 첫날 어디서 자야 할지조차 정하지 않고 아무런 대책도, 생각도 없이 귀국했다.

이러한 패턴은 지금까지 목회하면서 수없이 반복되었다. 하나님의 뜻이 맞는지 깊이 고뇌하고 생각하고 확신이 들었다면, 그때부터는 생각을 많이 하지 않았다. '일만성도 파송운동'도 그렇게 시작되었다. 생각을 많이 했다면 절대로 시작할 수 없었을 것이다.

내 방식은 하나님의 뜻이 맞다면 일단 저질러 놓고 보는 것이다. 나는 이것을 '쐐기 박기 작전'이라고 부른다.

만약 내가 미국에서 이제 막 시작한 사업 생각하고, 갚아야 할 빚 생각하면서 이것저것 계산했다면, 나는 한국에 돌아오지 못했을 것이다. 같은 이치로, 생각을 많이 했더라면 '일만성도 파송운동' 또한 시작도 못 했을 것이다. 일단 서둘러 못을 박고, 그 후에 그 일을 이뤄가기 위해 괴로워하고 고민하며 나아가다 보니 말로 다할 수 없는 하나님의 인도하심을 받게 된 것이다.

생각할 때와 생각을 멈출 때

그런데 우리는 자주 이 순서를 바꿔서 행동한다. 하나님의 뜻이 맞는지 아닌지를 깊이 고뇌하지 않고, 기도도 안 하고, 성경도 안 읽고는 너무 쉽게 하나님 뜻이라고 믿어버리고 저질러버리지 않은가? 반면 정작 더 고민할 필요 없는 문제에 대해선 너무 많은 생각을 해서 계속 망설이고만 있지 않은가?

순서를 바꿔야 한다. 하나님의 뜻을 분별하는 데는 신중해야 한다. 시간을 많이 들여야 한다. 기도해야 한다. 말씀을 읽으면서 하나님의 뜻을 분별해야 한다.

그리고 일단 그것이 하나님 뜻이라는 확신이 들었다면 그때부터는 생각을 조금 줄여야 한다. 내가 우리 교회 젊은 목사님들에게 늘 하는 이야기가 있다.

"때로는 생각을 너무 많이 하는 게 문제야. 생각만 너무 많이 하다 보니 아무것도 못 하고 있잖아."

생각을 많이 해야 할 때가 있는가 하면, 줄여야 할 때가 있는 것이다.

엘리사는 경솔한 사람이 아니었다. 경솔해서 하나님의 부르심이 있자마자 하나님을 따랐던 것이 아니다. 부르심이 있기 이전부터 그는 준비된 사람이었기에 하나님의 부르심이 있자마자 모든 것을 즉시 모든 것을 포기할 수 있었던 것이다.

이 원리가 우리 삶에도 중요한 원리로 작용되기를 원한다. 삶의 현장에서 최선을 다하는 성실한 삶을 살다가, 하나님의 부르심이 있을 때는 아끼던 밭과 소와 소유가 있음에도 불구하고 즉시 순종하는 모습이 우리 삶에도 있기를 바란다.

이것이 큰 틀에서 발견되는 엘리사의 모습인데, 이제 하나님의 부르심을 대하는 엘리사의 모습을 조금 더 구체적으로 살펴보려고 한다. 하나님의 부르심이 있을 때 엘리사의 모습에서 귀한 태도 몇 가지가 드러난다.

첫째, 모든 것을 거는 태도

하나님의 부르심을 대하는 엘리사의 모습에서 발견되는 첫 번째 귀한 태도는, '모든 것을 거는 태도'다.

> 엘리사가 그를 떠나 돌아가서 한 겨릿소를 가져다가 잡고 소의 기구를 불살라 그 고기를 삶아 백성에게 주어 먹게 하고 일어나 엘리야를 따르며 수종 들었더라 왕상 19:21

농사짓는 엘리사가 소의 기구, 즉 농기구를 불태워버렸다는 것은 뭘 의미하는가? 하나님의 부르심에 즉각적으로 순종할 뿐만 아니라, 하나님을 따르는 일에 자기 삶의 모든 것을 걸겠다는 결단을 보여주는 것이다. 다시 말해 배수의 진을 차겠다는 결의를 보여준 것이다.

모든 것을 거는 것, 그리고 뒤돌아볼 것이 아무것도 없게 만드는 것, 이것이 엘리사에게서 발견되는 귀한 태도다.

이런 점에서는 예수님의 부르심에 대한 제자들의 반응도 귀하다. 마가복음 1장에 보면 예수님이 제자들을 부르시는 장면이 나온다.

조금 더 가시다가 세베대의 아들 야고보와 그 형제 요한을 보시니 그들도 배에 있어 그물을 깁는데 곧 부르시니 그 아버지 세베대를 품꾼들과 함께 배에 버려두고 예수를 따라가니라 막 1:19,20

이 말씀을 오해하면 안 된다. '아버지를 그냥 내버렸다'는 뜻이 아니다. 배를 가지고 있었고 여러 품꾼을 데리고 함께 일했다는 것을 봤을 때, 그 아버지는 부자였던 것 같다. 그런 부자 아버지를 둔 야고보와 요한이 주님이 부르시자 곧바로 부자 아버지의 재산인 배를 버려두고 주님을 따랐다는 것을 강조하는 표현이다.

예수께서 이르시되 손에 쟁기를 잡고 뒤를 돌아보는 자는 하나님의 나라에 합당하지 아니하니라 하시니라 눅 9:62

예수님은 손에 쟁기를 잡고 뒤를 돌아보는 자는 하나님의 나라에 합당하지 않다고 말씀하신다.

버릴 때 더 풍성히 누리는 신비

예수 믿는 것을 헬스클럽의 회원권 끊는 것과 비슷하게 생각하는 사람들이 있다. 좋다니까 일단 해보고 조금 힘들면 그만두는, 그런 식으로는 아무리 교회에 오래 다녀도 소용이 없다.

예수님을 믿는다는 것은 거기에 내 모든 것을 거는 것이다. 올인하는 것이다. 소의 기구를 모두 태워버리는 것이다.

이 말씀을 묵상하던 어느 날 새벽에 하나님이 생각지도 못했던 찬양 한 곡을 내 입술에 주셨다. "사랑은 참으로 버리는 것 버리는 것 버리는 것, 사랑은 참으로 버리는 것 더 가지지 않는 것"이란 찬양이다. 정말 맞다. 사랑은 버리는 것이다. 포기하는 것이다. 내려놓는 것이다. 그런데 사랑의 너무나 놀라운 속성은, 분명히 버렸는데 더 풍성하게 누린다는 것이다.

주님을 사랑하기 위해 엘리사는 그 아까운 농기구를 다 불태우고 소를 잡아서 사람들에게 먹이는 대가 지불을 하고 주님을 따랐다. 그러자 그의 삶에 어떤 풍성함이 있었는가? 부자로 밭농사하며 살 때는 상상도 할 수 없었던 존귀한 삶을 살게 되지 않았는가? 이것이 신비다.

내가 시카고에서 조그마한 가게 하나를 포기하고 한국으로 돌아왔을 때, 하나님 앞에 다 내려놓은 것처럼 그렇게 거창하게 생각했지만, 생각해보면 버린 게 별로 없다. 그런데 하나님은 요만큼 버린 내게, 지난 34년의 세월 동안 상상을 초월할 정도로 부어주시고 또 부어주셨다.

요즘에 내가 외치는 마음의 구호가 하나 있다.

"아끼다 똥 된다."

조금 거친 표현이지만, 나이를 먹을수록 깨닫게 되는 놀라운 진리다. 아끼다가 똥 된다. 특히 청년들에게 이 말을 해주고 싶다.

"청춘과 젊음, 아끼다가 똥 된다."

젊을 때 가치 있는 일, 비전을 구하는 일에 모든 것을 걸어보라. 젊을 때는 자는 시간도 아까워야 한다. 하나님 앞에 한번 모든 것을 걸어보는 엘리사와 같은 주님의 자녀들이 되기를 바란다.

둘째, 사람을 위하는 모습

두 번째로, 하나님의 부르심을 대하는 엘리사의 귀한 태도는 '사람을 위하는 모습'이다.

> 엘리사가 그를 떠나 돌아가서 한 겨릿소를 가져다가 잡고 소의 기구를 불살라 그 고기를 삶아 백성에게 주어 먹게 하고 일어나 엘리야를 따르며 수종 들었더라 왕상 19:21

성경에 보면 엘리사는 기적을 많이 베푼 사람이었는데, 그가 베푼 기적들에는 '백성을 위하는 태도'가 배어 있는 것이 많다. 21절 말씀에서도 보면 엘리사가 하나님의 부르심에 순종하며 따르기로 결단했을 때 농기구를 불사르고 모든 것을 다 포기했는데, 그 와중에 소를 잡아서 백성을 먹였다는 내용이 나온다. 이것은 엘리사의 관심을 보여주는 행동이다. 백성을 위하고 섬기고자 하는 마음이 이런 행동을 만들었다. 엘리사에게는 이런 태도가 배어 있었다.

이 모습은 우리가 예수님께 배워야 할 교훈이기도 한다. 마태복음 12장에서 사람에게 초점을 두신 예수님의 모습을 발견할 수 있다.

거기에서 떠나 그들의 회당에 들어가시니 한쪽 손 마른 사람이 있는지라 사람들이 예수를 고발하려 하여 물어 이르되 안식일에 병 고치는 것이 옳으니이까 예수께서 이르시되 너희 중에 어떤 사람이 양 한 마리가 있어 안식일에 구덩이에 빠졌으면 끌어내지 않겠느냐 사람이 양보다 얼마나 더 귀하냐 그러므로 안식일에 선을 행하는 것이 옳으니라 하시고 이에 그 사람에게 이르시되 손을 내밀라 하시니 그가 내밀매 다른 손과 같이 회복되어 성하더라 바리새인들이 나가서 어떻게 하여 예수를 죽일까 의논하거늘 마 12:9-14

나는 이 말씀에서 당시 종교 지도자들과 예수님의 근본적인 차이를 발견하는데, 그것은 시선이 어디를 향해 있느냐 하는 것이었다. 예수님의 시선은 한쪽 손 마른 장애인의 고통에 머물러 있었다. 여기에 반해 당시 종교 지도자들의 관심은 종교적 관습과 전통을 지키며 옳고 그름을 따지는 것에 있었다. 그들에게 한쪽 손 마른 장애인이 고침받고 기뻐하는 모습은 안중에도 없었다.

내가 목회자로서 자주 반성하고 회개하는 것이 이것이다. 사람을 귀히 여기셨던 예수님처럼 사람을 귀히 여기며 사람에게 집중하는 목사로 살고 싶은데, 내 안에는 여전히 당시 종교 지도자들처럼 시스템을 중요하게 여기고 사람을 겉모습으로 판단하려는 모습이 남아 있기 때문이다.

사람을 살리는 일이라면 그게 안식일을 어겼다는 오해를 받는 일이라 할지라도, 그래서 그 일로 인해 핍박받는 일이 생긴다 할지라도 그 장애인을 고쳐주는 일을 멈출 수 없었던 예수님의 마음을 회복해야 한다.

이국종 교수가 쓴 《골든아워》라는 책에 이런 문장들이 나온다.

"사람을 살리는 것, 그것이 우리의 일이다."

"살릴 수 있는 생명은 무조건 살려야 한다."

"환자는 돈 낸 만큼이 아니라 아픈 만큼 치료받아야 한다."

나는 의사인 이국종 교수의 이런 고백에 감동했다. 이런 문장도 있다.

"환자 명단과 협의 진료 실적이 내가 세상에서 일을 하면서 존재했다는 유일한 흔적이다."

자기를 평가하는 기준은 딱 하나라는 것이다. 무슨 대학을 나왔는지, 어느 유명 병원에 근무하는지, 의사로서 본인이 얼마나 유명한지, 이런 게 아니라 환자 몇 명을 살렸는지, 환자 몇 명을 치료해주었는지, 이것이 자기를 규정하는 유일한 기준이라는 것이다.

하나님이 내게 하시는 말씀 같았다.

얼마나 규모가 큰 교회를 담임했느냐가 중요한 것이 아니라 몇 명의 영혼을 살렸는지가 중요하고, 다른 어떤 것보다도 한쪽 손 마른 장애인의 고통에 시선이 머무시던 예수님의 마음을 회복하는 것이 중요한 것이다.

셋째, 낮아짐과 사명을 따라 사는 삶

부르심을 대하는 엘리사의 귀한 태도 세 번째는 '낮은 자리에서' 겸손히 섬기는 그의 모습이다.

> 엘리사가 그를 떠나 돌아가서 한 겨릿소를 가져다가 잡고 소의 기구를 불살라 그 고기를 삶아 백성에게 주어 먹게 하고 일어나 **'엘리야를 따르며 수종 들었더라'** 왕상 19:21

여기 나오는 '수종 들었더라'를 직역하면 '엘리야를 따라가 그의 종이 되었다'는 뜻이다. 나는 이것이 굉장히 놀랍다.

엘리사는 엘리야 선지자의 후임으로 선택된 사람이다. 그런데 엘리사는 자신의 모든 것을 다 내려놓고 포기한 후에 스승 엘리야의 후임 선지자 자리로 나아간 것이 아니라 그를 섬기는 종의 자리로 나아간 것이다. 엘리사는 이렇게 십여 년의 세월을 섬겼다.

여기 나오는 '수종'이라는 단어가 출애굽기 33장 11절에도 나온다.

모세는 진으로 돌아오나 눈의 아들 젊은 **'수종자'** 여호수아는 회막을 떠나지 아니하니라 출 33:11

모세의 후계자인 여호수아도 모세의 수종자가 되어 충성스럽게 모세를 섬겼다. 하나님은 이처럼 종의 자리에서 겸손히 모세를 섬겼던 여호수아를 모세의 후계자로 세우셨다.

우리 주변에는 엘리사와 여호수아처럼 종의 자리에서 겸손히 섬기며 본을 보이는 분들이 많다. 하나님은 낮은 자리에서 우직하게 섬기며 사명을 따라 사는 사람들을 귀히 여기신다.

엘리사가 보여준 이 세 가지 귀한 모습을 기억하자. 하나님께서 부르실 때 배수의 진을 치며 모든 것을 거는 태도, 그리고 사람을 소중히 여기는 태도, 그리고 무엇보다도 종처럼 낮아져서 섬기는 겸손한 태도, 이 세 가지를 구하는 우리가 되도록 하자.

7 선지자의 제자 오십 명이 가서 멀리 서서 바라보매 그 두 사람이 요단 가에 서 있더니 8 엘리야가 겉옷을 가지고 말아 물을 치매 물이 이리 저리 갈라지고 두 사람이 마른 땅 위로 건너더라 9 건너매 엘리야가 엘리사에게 이르되 나를 네게서 데려감을 당하기 전에 내가 네게 어떻게 할지를 구하라 엘리사가 이르되 당신의 성령이 하시는 역사가 갑절이나 내게 있게 하소서 하는지라 … 13 엘리야의 몸에서 떨어진 겉옷을 주워 가지고 돌아와 요단 언덕에 서서 14 엘리야의 몸에서 떨어진 그의 겉옷을 가지고 물을 치며 이르되 엘리야의 하나님 여호와는 어디 계시니이까 하고 그도 물을 치매 물이 이리 저리 갈라지고 엘리사가 건너니라

Chapter 3

절박함으로
구하라

조병화 시인의 〈의자〉라는 시가 있다. 한동안 이 시를 프린트해서 가지고 다니며 읽고 또 읽었다.

이 시에서 말하는 '의자'는 '그 사회나 시대의 주역 혹은 중심이 되는 자리'를 의미하는데, 시 중에 "지금 어드메쯤 아침을 몰고 오는 어린 분이 계시옵니다 그분을 위하여 묵은 이 의자를 비워 드리겠습니다"라는 표현이 나온다. 여기 나오는 '아침'은 '새로운 시대'를 상징하고, '어린 분'은 '다음세대 또는 새로운 세대'를 지칭하는 것이다.

그러니까 '아침을 몰고 오는 분'이라는 표현은 '새로운 시대를 여는 새로운 세대'를 말하고, '묵은 의자를 비워 드리겠다'라는 표현은 이제 새로운 시대를 여는 새로운 세대가 등장할 테니, 중심이 되는 자리를 양보하겠다는 의지를 표명한 것이다. 본문의 엘리야와 엘리사의 모습을 묵상하다 보니 이 시가 말하는 메시지가 떠오르면서 마음에 큰 감동이 되었다.

기성세대를 상징하는 엘리야와 다음세대를 상징하는 엘리사가 함께 한 마음으로 나아가는 모습은 상상만 해도 아름답다. 부모 세대와 자녀 세대 간의 갈등의 골이 유난히 깊은 것은 어둠의 세력이 이 시대를 흔들어버린 탓이다.

이런 때에 '하나님 말씀'이란 공통분모를 가지고 한 방향으로, 갈등 없이, 같은 꿈을 꾸면서 나아갈 수 있다면 얼마나 좋을까.

본문에 보면 엘리야와 엘리사가 동행하는 장면이 여러 곳에서 나온다. 몇 곳을 함께 보자.

여호와께서 회오리바람으로 엘리야를 하늘로 올리고자 하실 때에 엘리야가 엘리사와 더불어 길갈에서 나가더니 왕하 2:1

··· 이에 두 사람이 벧엘로 내려가니 왕하 2:2

··· 그들이 여리고에 이르매 왕하 2:4

··· 이에 두 사람이 가니라 왕하 2:6

엘리야 선지자의 삶의 마지막 여정을 두 사람이 끝까지 함께하며 동행하는 모습이 내 마음에 아름답게 담겼다.

이런 내용을 담고 있는 본문 말씀을 묵상하면서 한국교회와 가정에서도 부모세대와 자녀세대가 함께 손을 맞잡고 나아가는 모습을 상상해본다.

그래서 나는 이 본문 말씀을 기성세대와 자녀세대로 나누어서 우리가 얻을 메시지를 찾아보려고 하는데, 먼저 엘리야 선지자가 갖고 있던 삶의 목표를 살펴보면서 '기성세대가 가져야 할 삶의 목표'에 대해 점검하려고 한다. 그 이후에 엘리사의 모습을 통해 '다음세대가 가져야 할 삶의 목표'에 대해 살펴보려고 한다.

기성세대가 가져야 할 삶의 목표

먼저, 엘리야 선지자의 모습을 통해서 '기성세대'가 가져야 할 삶의 목표에 대해 살펴보자.

끝까지 주의 뜻을 추구하라

첫째로, 우리 기성세대는 '끝까지 주의 뜻을 추구하는 태도'를 견지해 나가야 한다.

내가 감동하는 것은, 하나님의 말씀에 끊임없이 순종하는 엘리야의 모습이다.

> 엘리야가 엘리사에게 이르되 청하건대 너는 여기 머물라 '여호와께서 나를' 벧엘로 보내시느니라 하니 왕하 2:2

이렇게 말하고는 엘리야는 벧엘로 간다. 이런 모습이 4절에서도 반복된다.

> 엘리야가 그에게 이르되 엘리사야 청하건대 너는 여기 머물라 '여호와께서 나를' 여리고로 보내시느니라 왕하 2:4

그리고 엘리야는 여리고를 향해 간다. 6절에서도 반복된다.

> 엘리야가 또 엘리사에게 이르되 청하건대 너는 여기 머물라 '여호와께서 나를' 요단으로 보내시느니라 하니 왕하 2:6

그리고 하나님이 보내시는 길을 향하여 나아간다. 이처럼 엘리야 선지자는 말씀 앞에 끝까지 순종하는 모습을 엘리사에게 보여준다. 나는 이것이 삶을 마무리하기 전에 엘리야가 엘리사에게 전수해준 할 가장 중요한 한 포인트라고 생각한다.

내가 지난 목회를 돌아보면서 하나님께 죄송한 것이 있는데, 내가 하고자 하는 일에 대해 깊이 생각하지 않고서 '주님의 뜻'이라는 말을 쉽게 사용할 때가 많았다는 점이다. 이것은 모든 목회자가 경계해야 할 일이다. 이것을 막으려면 계속 말씀을 묵상해야 한다. 그리고 말씀을 깊이 묵상하며 매사에 하나님의 뜻을 구하는 자세를 갖춰야 한다.

그리고 말씀이 임했을 때 순종하며 그 길을 가는 것이다. 그럴 때 우리에게 즐거움이 있고 기쁨이 있다. "주와 같이 길 가는 것 즐거운 일 아닌가"라는 찬양이 우리의 고백이 될 것이다.

엘리야 선지자처럼 여호와께서 벧엘로 가라 하셔서 벧엘로 갈 때, 그 길이 즐거운 것이다. 여호와께서 여리고로 가라 하셔서 그 길로 갈 때, 그 길이 즐거운 것이다. 우리가 인생길을 걷다가 힘들 때는 어떤 때인가? 가시밭길, 험한 길이어서 힘든 게 아니라, 의미 없이 걷는 길이 힘든 것 아닌가?

내가 이 말씀을 준비할 때 하나님이 주신 찬양이 있다. "주님 말씀하시면 내가 나아가리라 주님 뜻이 아니면 내가 멈춰서리라"라는 가사의 찬양이다. 이 찬양의 핵심은 맨 마지막에 있다. "오 주님 나를 이끄소서"라는 마지막 구절이 이 찬양의 전체를 요약한다.

끝까지 주님의 뜻을 추구하는 태도, 바로 이것이 기성세대가 다음 세대를 위해서 보여주어야 하는 모습이다.

유종의 미를 거두라

두 번째로, 우리 기성세대는 '유종의 미'를 거두는 모습을 보여주어야 한다.

예전에 미국의 풀러신학교에서 공부했던 적이 있다. 그때 교수님이셨던 로버트 클린턴 교수님에게서 들었던 한마디 말씀이 잊히지 않는다.

당시 이미 연세가 칠십이 넘으셔서 은퇴 교수님이셨던 클린턴 교수님은 '지도력 평생 개발론'이란 수업에서 '피니싱 웰'(Finishing Well)을 말씀하셨다. 마지막까지 잘 마무리한다는 뜻으로, 우리 말로 하면 '유종의 미'를 거두는 것이다.

그러면서 안타까워하셨던 것이 유종의 미를 거두는 지도자들이 그리 많지 않다는 것이었다. 최근에도 검색을 하다가 비슷한 글을 봤는데, 성공하고 이름난 기독교 지도자들 가운데 세 명 중의 한 명만 유종의 미를 거둔다는 내용이었다. 세 명 중 두 명은 엉뚱한 짓을 해서 옆길로 새버린다. 근래에는 이런 현상이 더 심해져서 끝까지 마무리를 잘한 기독교 지도자들은 네 명 중 한 명밖에 없더라는 조사 결과도 나왔다.

가슴 아픈 이야기 아닌가? 끝까지 마무리를 잘하여 유종의 미를 거두는 지도자가 점점 더 줄어가는 현실을 간과해서는 안 된다. 이것을 우리 기성세대가 심각하게 받아들여야 한다.

여러분의 지도자들을 기억하십시오. 그들은 여러분에게 하나님의 말씀을 일러주었습니다. '그들이 **어떻게 살고 죽었는지를 살펴보고, 그 믿음을 본받으십시오.**' 예수 그리스도께서는 어제나 오늘이나 영원히 한결같은 분이십니다. 히 13:7,8 새번역

피니싱 웰

《마지막까지 잘 사는 삶》(존 던롭, 생명의말씀사)이라는 제목의 책이 있다. 이 책 원서의 제목은 《Finishing Well to the Glory of God》이다. 직역하면 "하나님의 영광을 위해 잘 마무리하기"이다.

이 책의 소개 글에서 오랫동안 마음에 새겨야 할 글 하나를 발견했다.

"잘 죽는 것이 우연인 경우는 별로 없다. 잘 죽는 것은 평생에 걸친 선택들이 쌓이고 쌓여서 만들어내는 결과다. 결국, 잘 죽는 것은 마지막 순간까지 잘 사는 것을 의미한다."

이 글은 나에게 정말 큰 도전을 주었다. 이름이 알려진 유명한 기독교 지도자 네 명 중의 한 명만 유종의 미를 거두고, 세 명은 타락하여 도중하차하는 것이 현실이라고 할 때, 우리 마음에 반드시 새겨야 할 것은 '결국 잘 죽는 것은 마지막 순간까지 잘 사는 것을 의미한다'는 것이다.

요즘 젊은 사람들이 '라떼'를 싫어한다는 우스갯소리가 있다. 기성

세대들이 하도 "나 때는, 나 때는" 하면서 옛날이야기를 하기 때문이라고 한다.

젊은 사람들이 싫어하기 때문이 아니라, 믿는 우리는 '나 때는'에 매여 있는 과거의 삶을 살아선 안 된다. 우리의 초점은 앞에 있어야 한다.

유종의 미를 거두지 못하면 지금까지 잘 살아온 것이 무슨 소용이 있는가? 평생에 걸쳐 훌륭하게 사역 잘하다가 은퇴를 앞두고 곁길로 새서 명예가 실추되어 버리면, 지금껏 애써서 하나님께 돌렸던 수많은 영광을 한순간에 무너뜨리는 것이다.

이런 안타까운 소식이 종종 들려오는 현실이다. 수십 년 동안 잠도 아끼며 하나님께 충성해서 쌓아 올렸던 어느 목사의 헌신이 어느 날 들려오는 믿기 힘든 뉴스와 함께 한순간에 무너지는 것을 우리는 몇 번이나 봐야 했다.

> 나는 선한 싸움을 싸우고 나의 달려갈 길을 마치고 믿음을 지켰으니 이제 후로는 나를 위하여 의의 면류관이 예비되었으므로 주 곧 의로우신 재판장이 그날에 내게 주실 것이며 내게만 아니라 주의 나타나심을 사모하는 모든 자에게도니라 딤후 4:7,8

《마지막까지 잘 사는 삶》의 저자가 말한 것처럼, 잘 죽는 것은 결코 우연히 이뤄지는 게 아니다. 그것은 평생에 걸친 선택들이 쌓이고 쌓여서 이뤄지는 것이다.

그래서 결국 '잘 죽는 것은 마지막 순간까지 잘 사는 것'이라는 저자의 말에 전적으로 공감한다. 이런 점에서 예수 믿는 우리 기성세대는 우리의 다음세대들에게 옛날얘기 대신 앞으로의 일들을 소망하는 말을 해야 한다.

과거를 돌아보지 말라

분당우리교회를 개척한 이후로 내가 몸부림치는 것이 있다. 그것은 과거를 돌아보지 않는 것이다. 그래서 감사패나 공로패 같은 것을 쌓아두지 않는다. 주신 분에게는 죄송하지만, 나는 그런 것을 받으면 바로 정리해서 버린다.

사진도 잘 남기지 않는다. 내가 너무나 존경하고 사랑하는 스승이신 옥한흠 목사님과 찍은 사진도 거의 없다. 찍지도 않았지만, 한두 장 있긴 한데 그 사진에 큰 의미를 두지는 않는다. 다 과거이기 때문이다. 너무도 귀한 스승을 만난 것은 내 인생의 영광이지만, 이미 지나가 버린 과거다.

분당우리교회가 행했던 수많은 일도 다 과거다. 그러니 잊어버리려고 애쓴다. 과거의 일로 받은 감사패나 공로패를 진열해 두고 그것만 기억한다면 앞을 향해 달려가는 데 방해가 된다. 과거에 대한 자화자찬을 중단하자. 우리 머리에서 다 지워버리자.

우리의 언어는 미래지향적이어야 한다. 앞을 바라봐야 한다. 왜냐하면 우리에게는 남은 숙제가 있기 때문이다. '피니싱 웰', 유종의 미를 거두는 것이 우리의 숙제다. 엘리야처럼 마지막 순간까지 추하지 않은 모습으로 이 땅의 삶을 잘 끝내는 모습은 실로 영광스럽다.

스승이신 옥한흠 목사님께 가장 부러운 것이 있다면 그 분의 '피니싱 웰'이다. 마지막 돌아가시는 순간까지 참으로 꼿꼿하게 중심을 바르게 세우셨던 그 모습을 닮고 싶다. 그러기 위해 방심하지 않고 흐트러지지 않기 위해 늘 애를 쓰며, 옛날이야기만 하면서 과거를 돌아보는 것이 아니라 앞을 향하여 꿈을 꾸며 하루하루를 깨우려 한다.

우리가 다 이 정신으로 우리에게 주어진 오늘을 잘 살아가기를 바란다. 그렇게 잘 사는 하루 하루가 모여서 결국 '피니싱 웰'을 이루게 된다.

끝까지 주님의 뜻을 추구하는 것과 유종의 미를 거두는 것, 이 두 가지가 기성세대가 가져야 할 삶의 목표다. 주님이 가라고 하신 길을 걸어가는 삶, 그리고 그 길을 무사히 완주하여 아름다운 마무리를 하는 것, 이것이 우리의 삶의 목표여야 한다. 이러한 삶의 목표를 품고 이를 위해 기도하는 모두가 되기를 바란다.

다음세대가 가져야 할 삶의 목표

이제 엘리사를 통해 '다음세대'가 기억해야 할 메시지를 얻을 차례이다.

본질을 구하는 지혜

다음세대가 기억하고 목표로 삼아야 할 첫 번째 메시지는, '본질을 구하는 지혜'다.

> 건너매 엘리야가 엘리사에게 이르되 나를 네게서 데려감을 당하기 전에 내가 네게 어떻게 할지를 구하라 엘리사가 이르되 당신의 성령이 하시는 역사가 갑절이나 내게 있게 하소서 하는지라 왕하 2:9

엘리야 선지자가 후계자 엘리사에게 마지막으로 이런 질문을 던진다.

'내가 떠나기 전에 무엇을 구하겠느냐?'

이 질문에 대해 엘리사는 '스승님이 갖고 계시는 영적인 능력을 두 배로 가지기를 원합니다. 스승님이 가진 영적인 능력을 두 배로 받게 해주십시오'라고 답했다.

나는 이런 엘리사가 지혜롭다고 생각한다. 엘리사는 무엇을 구해야 하는지 잘 아는 사람 같다. 눈에 보이는 그 무엇을 구하지 않았던 엘리사는 보이지 않는 '무형의 자산'의 소중함을 알고 있었다.

솔로몬도 마찬가지다.

> 기브온에서 밤에 여호와께서 솔로몬의 꿈에 나타나시니라 하나님이 이르시되 내가 네게 무엇을 줄꼬 너는 구하라 왕상 3:5

이때 솔로몬이 뭘 구했는가? 선악을 분별할 수 있는 지혜를 달라고 구했다. 그는 강한 군사력이나 모든 백성에게 존경받는 인기를 구하지 않았다. 지혜를 달라고 한 솔로몬의 대답을 하나님은 무척 마음에 들어 하셨다.

> 솔로몬이 이것을 구하매 그 말씀이 주의 마음에 든지라 왕상 3:10

전쟁에서 승리를 담보하는 '말 백만 마리'보다 더 소중한 것은 보이지 않는 자산인 '지혜'다. 나는 솔로몬의 이 기도 제목을 내 것으로 만들겠다는 소원을 품었다. 하나님이 나에게 '목회자로서, 분당우리교회 담임목사로서 네게 하나만 줄게. 뭘 원하니?'라고 하시면 나도 지혜를 달라고 할 것이다.

목회는 숨 쉬는 것부터 지혜가 필요하다. 아침에 일어나서 잠자리에 들기까지 목회의 모든 순간에 지혜가 필요하다. 말을 지혜 없이

하면, 좋은 말도 상처를 주면서 하게 된다.

　내가 목회하는 내내 끊임없이 추구하고 꿈꿔왔던 것이 바로 이것이다. 눈에 보이는 것보다 중요한 것, 눈에 보이는 건물이나 숫자보다 중요한 것은 성령의 능력, 하나님의 지혜와 같은 눈에 보이지 않는 자산이다.

　하나님께서 이 땅의 모든 교회에게 이 보이지 않는 자산의 소중함을 깨달을 수 있는 지혜를 허락해주시기를 바란다.

절박함으로 부르짖는 자세

　두 번째로, 다음세대가 엘리사를 통해 얻어야 할 삶의 목표는 '절박함'이다. 2장 9절을 다시 보자.

　　건너매 엘리야가 엘리사에게 이르되 나를 네게서 데려감을 당하기 전에 내가 네게 어떻게 할지를 구하라 엘리사가 이르되 당신의 성령이 하시는 역사가 갑절이나 내게 있게 하소서 하는지라 왕하 2:9

　엘리사는 "당신의 성령이 하시는 역사가 갑절이나 내게 있게 하소서"라고 구했다. 개역한글성경으로 보면 "당신의 영감이 갑절이나 내게 있기를 구하나이다"이다.

　여기에는 엘리사의 '절박함'이 담겨 있다. 왜냐하면 그 시대가 상상하기 어려울 만큼 악한 시대였기 때문이다.

놀라운 능력을 가지고 일했던 스승 엘리야도 로뎀나무 밑에 주저앉아서 "죽고 싶습니다, 하나님"이라고 절규할 수밖에 없던 악한 시대였기에 스승 엘리야가 갖고 있던 영적인 능력이 절실했던 것이다.

예전에 신학교 다니면서 파트타임 교육전도사로 사역했던 적이 있다. 당시 담임목사님이셨던 이성헌 목사님이 은퇴를 앞두고 계실 때였는데, 목사님은 간혹 우리를 안타깝게 보시면서 이런 말씀을 하시곤 했다.

"자네들 어떡할 거냐? 나는 그럭저럭 은퇴를 앞둔 자리까지 왔다만 젊은 자네들이 목회할 시대는 너무 힘들 텐데 걱정이다."

삼십 대 초반, 젊은 시절에 들었던 어른의 말씀인데, 세월이 흘러 이제 나도 우리 교회 젊은 사역자들에게 똑같은 이야기를 반복해서 한다.

"자네들 어떡할 거냐? 나는 그럭저럭 하나님 은혜로 여기까지 잘 달려왔지만, 앞으로의 목회 환경은 더욱 어려울 텐데, 걱정이구나."

이처럼 앞날이 걱정되는 시대를 살아가는 다음세대이기에, 모두들 절박한 심정으로 구해야 한다.

"하나님, 성령의 능력을 주시되, 갑절의 능력을 주시기 원합니다!"

이런 절박함으로 부르짖지 않는다면 정신 차려야 한다. 그럴 수 있는 시대가 아니다. 성령의 능력 없이는 절대로 하나님의 사람으로 살 수 없는 시대다.

미국에 케빈 리라는 젊은 목사가 있는데, 예전에 릭 워렌 목사님이 담임목사로 있던 새들백교회에서 사역을 하고 있다. 이분은 한인 1.5세인데 한국말도 잘하고 영어에도 능통하다. 그래서 책도 내고, 유튜브를 통해 새들백교회의 여러 프로그램과 사역들을 소개하는 꽤 유명한 분이다.

언젠가 이 목사님을 만나 대화를 나눌 기회가 있었다. 한국을 방문하는 길에 만남을 청한 것이다. 나도 그 목사님이나 새들백교회에 대해 궁금한 마음이 있었기 때문에 기대하면서 기다렸다.

그런데 이분이 오자마자 깜짝 놀랄 말을 하는 것이다.

"목사님, 저 기억 안 나시지요?"

사연을 들어봤더니 한 십 년도 더 전의 일이다. 미국 집회 중에 머리를 자르려고 LA에 있는 미용실에서 대기하고 있었는데, 당시 내 기억으로는 십 대 후반밖에 안 되어 보이는 굉장히 앳된 청년 둘이 머리를 자르러 왔다가 그중 한 청년이 나를 알아보고는 말을 걸었다.

"이찬수 목사님 아니세요?"

미용실에 앉아서 사담을 나누기에는 폐가 될 것 같아서 둘이 잠시 밖으로 나와서 이야기를 나누었다. 그런데 갑자기 이 청년이 안수기도를 해달라는 게 아닌가. 그것도 너무도 절박하게 말이다. 길거리에서 안수기도라니. 그 간절한 요청을 거절할 수 없어서 미용실 앞에서 어색하게 안수기도를 해준 적이 있다. 그때 너무 당황스러웠어서 그 청년이 기억이 났다.

그런데 케빈 리 목사가 하는 말이 "그때 다짜고짜 목사님에게 기도해달라고 머리를 들이밀었던 청년이 저예요"라는 게 아닌가. 그때 그 청년이 지금 새들백교회에서 새신자와 온라인 예배를 연구하고 강의하는 유명한 목회자가 되어 있었다.

그 얘기를 듣고 마음에 감동이 왔다. 청년 시절에 그가 가졌던 '절박함'이 귀하게 다가왔기 때문이다. 그 절박함이 미용실이든 길거리든 개의치 않고 기도 요청을 하게 했고, 또 지금 주목받는 젊은 목회자로 왕성하게 사역을 감당하게 한 것이다.

오늘 이 시대는 이런 절박함 없이는 안 되는 시대다. 절박함이 강력한 무기다.

성령을 향한 절박한 부르짖음

오늘날 우리가 구해야 할 게 얼마나 많은가? 필요한 것들이 정말 많다. 다 구해야 한다. 그런데 악한 이 시대를 살아가기 위해 다음세대가 절박하게 구해야 할 것은 '성령의 능력'이다. 악한 유혹이 많은 시대를 살아가는 우리 자녀들에게 엘리사가 구했던 '성령의 갑절의 능력'을 주시기를 기도해야 한다.

우리는 혈루증을 앓았던 여인처럼 부르짖어야 한다.

예수의 소문을 듣고 무리 가운데 끼어 뒤로 와서 그의 옷에 손을 대니

막 5:27

이 여인은 열두 해나 혈루증으로 고통을 받고 있었다. 그 당시 모세의 율법에 따라 혈루증을 앓는 사람은 부정한 사람으로 여겨졌기에, 몰래 사람들 사이에 끼어들었다가 사람들 눈에 띄면 돌에 맞아 죽을 정도였다.

그런 상황에서 이 여인은 예수님을 에워싼 수많은 사람 사이에서 예수님의 옷자락에 손을 댔다. 왜 그랬겠는가? 너무 절박했기 때문이다. '이렇게 사느니 차라리 돌에 맞아 죽는 게 낫다'라고 생각한 그 절박함이 여인을 살렸다.

히스기야 왕도 마찬가지다. 그가 죽게 되었을 때, 그는 절박함으로 나아갔다.

그때에 히스기야가 병들어 죽게 되니 … 히스기야가 얼굴을 벽으로 향하고 여호와께 기도하여 이르되 여호와여 구하오니 내가 주 앞에서 진실과 전심으로 행하며 주의 목전에서 선하게 행한 것을 기억하옵소서 하고 히스기야가 심히 통곡하니 사 38:1-3

죽게 된 히스기야가 "얼굴을 벽으로 향하고 여호와께 기도하여 … 심히 통곡하니" 어떤 결과가 나왔는가?

너는 가서 히스기야에게 이르기를 네 조상 다윗의 하나님 여호와께서 이같이 말씀하시기를 내가 네 기도를 들었고 네 눈물을 보았노라 내가 네 수한에 십오 년을 더하고 너와 이 성을 앗수르 왕의 손에서 건져내 겠고 내가 또 이 성을 보호하리라 사 38:5,6

꼭 기억하라. 절박함이 능력이다. 절박함으로 구하는 기도가 능력의 원천이다.

하나님 앞에 구해야 할 것

어떤 사람이 간절하고 절박하게 기도할 수 있는가? 첫째로 나의 연약함을 알고, 둘째로 시대의 악함을 알며, 셋째로 능력의 원천이 하나님께 있음을 아는 사람이다.

이런 사람이 하나님께 기도할 수 있다. 이 절박함을 가지고 기도하게 되기를 바란다.

어떤 사람은 병거, 어떤 사람은 말을 의지하나 우리는 여호와 우리 하나님의 이름을 자랑하리로다 시 20:7

성령의 능력을 구하며 하나님의 이름만 자랑하는 하나님의 사람들이 되자. 엘리사처럼 절박함으로 구하자.

'하나님, 우리는 약한데 시대는 너무 악합니다. 이 악한 시대를 힘 있게 살 수 있도록 성령의 능력을 주옵소서. 갑절의 능력을 주옵소 서!'

하나님의 이 은혜와 능력을 구하는 우리가 되기를 바란다.

Let me inherit a double portion of your spirit

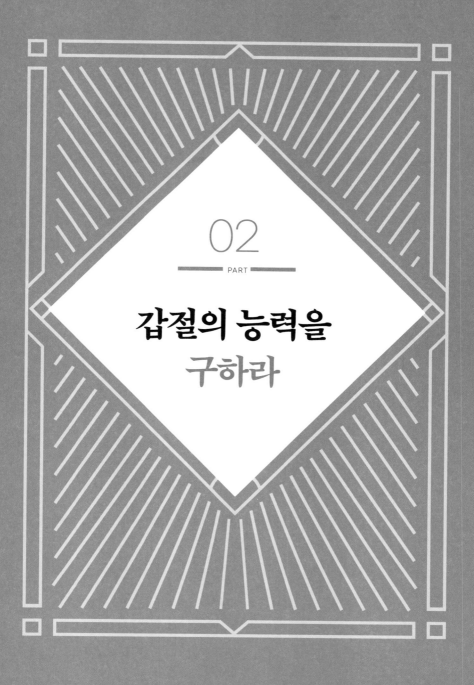

PART

02

갑절의 능력을
구하라

19 그 성읍 사람들이 엘리사에게 말하되 우리 주인께서 보시는 바와 같이 이 성읍의 위치는 좋으나 물이 나쁘므로 토산이 익지 못하고 떨어지나이다 20 엘리사가 이르되 새 그릇에 소금을 담아 내게로 가져오라 하매 곧 가져온지라 21 엘리사가 물 근원으로 나아가서 소금을 그 가운데에 던지며 이르되 여호와의 말씀이 내가 이 물을 고쳤으니 이로부터 다시는 죽음이나 열매 맺지 못함이 없을지니라 하셨느니라 하니 22 그 물이 엘리사가 한 말과 같이 고쳐져서 오늘에 이르렀더라

Chapter 4

위치는 좋으나
물이 나쁘므로

 스승 엘리야 선지자는 자신에게 맡겨진 역할을 끝까지 잘 감당하여 유종의 미를 거두었고, 자기 겉옷을 후계자인 엘리사에게 넘겨주면서 계승이 이루어졌다. 이제 이 장에서부터는 새롭게 선지자 사역을 시작하게 된 엘리사가 행하는 여러 기적적인 일들에 대해 살펴보려고 한다.

 본문은 엘리사 선지자가 여리고라는 도시에 머물던 때에 일어난 일을 다루고 있다. 어느 날 사람들이 엘리사 선지자를 찾아와서는 그 지역의 물이 오염되어 고통을 겪고 있다고 하소연했다.

 그 성읍 사람들이 엘리사에게 말하되 우리 주인께서 보시는 바와 같이

이 성읍의 위치는 좋으나 물이 나쁘므로 토산이 익지 못하고 떨어지나
이다 왕하 2:19

사해의 북쪽 끝에 위치한 여리고는 오아시스 지역으로 알려져 있
다. 그 지역 주변에 몇 개의 샘이 솟아올라서 그 지역 사람들에게 풍
성한 물을 공급해주었다. 이처럼 오아시스 지역이라 물은 풍성한데,
문제는 그 물이 오염되었다는 것이다. 그래서 지역 사람들이 고통을
겪고 있었다. 그래서 "이 성읍의 위치는 좋으나 물이 나쁘므로"라는
표현을 사용하는 것이다.

이 표현이 내 마음에 깊이 남아서 묵상했는데, 이것이 오늘 우리
시대를 나타내는 말이기 때문이다.

위치는 좋으나 물이 나쁜 시대

지금 우리가 사는 이 시대는 역사상 유례를 찾아보기 어려울 정도
로 많은 것을 풍족하게 누리는 시대다. 기술의 발달로 모든 사람이
손에 고성능 컴퓨터 한 대씩 들고 다니는 셈이지 않은가? 지금은 우
리 손에 쏙 들어오는 스마트폰이지만, 1970년대까지만 해도 이 정도
사양의 컴퓨터를 만들려면 어마어마한 크기여야 했다. 그런 대용량
의 컴퓨터를 한 손에 한 대씩 들고 다니는 것이다.

심지어는 곧 무인 자동차 시대가 열린다고 한다. 옛날 같으면 공

상 영화나 과학 동화에나 나올 법한 일들이 거의 상용화가 되어간다고 하니 정말 놀라운 시대다. 그야말로, '성읍의 위치가 엄청 좋은' 상태다.

그런데 뭐가 문제인가? 성읍의 위치는 좋은데, 물이 나쁘다.

지금 전 세계적으로 상상하기 어려운 혼란으로 정신을 차리기 어렵다. 지금 미국에서 신앙교육을 제대로 하고자 하는 부모들은 자녀를 공립학교에 보내지 않는다. 자녀를 학교에 보내지 않고 부모들이 홈스쿨링(Home Schooling)으로 직접 가르치는 가정이 굉장히 늘었다고 한다.

왜 아이들을 학교에 보내지 않고 부모들이 직접 가르치는 수고를 감당하는가? 공립학교가 도저히 동의할 수 없는 이상한 가치관을 심어주기 때문이다.

미국과 유럽에서 벌어지고 있는 성적인 타락은 말로 다 할 수 없는데, 시간이 갈수록 점점 더 심해지는 양상이다. 태어난 생물학적 성별과 상관없이 '난 남자 할래', '난 여자 할래' 하고 자신의 성별을 스스로 결정하는 일들이 선진국이라는 미국이나 유럽에서 실제로 일어나고 있다.

각 나라마다 정체성에 대한 대혼란이 일어나고 있다. 그야말로 하나님 없이 자기 소견에 옳은 대로 행하던 사사 시대가 재현되는 모습이다. 이런 상황과 모습을 딱 한 문장으로 표현한 것이 "이 성읍의 위치는 좋으나 물이 나쁘므로"이다.

물이 오염된 이 시대 교회의 모습

오늘날 교회의 현실도 마찬가지다. 예전에 비해 현실의 교회는 너무나 풍성하다. 옛날엔 우리나라에 어디 번듯한 교회가 있었는가? 악기라고는 풍금 하나가 전부였다. 그마저도 없는 교회도 많았다. 그런데 요즘 교회에선 현란한 악기들과 훌륭한 솜씨의 반주자와 찬양팀에 의해 손색없는 연주가 이루어진다.

이처럼 겉보기에는 그럴듯한 경건의 모양을 갖추고 있지만, 문제는 경건의 능력을 상실하고 있는 게 오늘의 현실이다. 이런 현실을 생각하면 마음이 아프다. 이것이 딱 "성읍의 위치는 좋으나 물이 나쁘므로"이다.

개인도 마찬가지 아닌가? 겉으로 보기엔 아무 문제도, 걱정도 없는 것처럼 살아가지만, 한 꺼풀 벗기고 들어가 보면 이런저런 염려와 두려움으로 힘든 삶을 살아가는 경우가 많다.

이런 현실을 살아가고 있는 우리이기에 "이 성읍의 위치는 좋으나 물이 나쁘므로"라는 본문의 표현이 남의 일 같지 않은 것이다. 이런 차원에서 우리는 엘리사 선지자가 본문 말씀에 나오는 문제를 어떻게 풀어가는지 잘 살펴봐야 한다.

엘리사 선지자는 "이 성읍의 위치는 좋으나 물이 나쁘므로"를 어떻게 풀어나가고 있는가?

회복을 위한 대안

대안 1. 새 그릇에 소금을 담으라

회복을 위한 첫 번째 대안은 '새 그릇에 소금을 담아'이다.

> 엘리사가 이르되 새 그릇에 소금을 담아 내게로 가져오라 하매 곧 가
> 져온지라 왕하 2:20

이것이 무엇을 의미하는가? 성경에서 '소금'이 무엇을 의미하는지
몇 구절을 살펴보자.

> 네 모든 소제물에 소금을 치라 네 하나님의 언약의 소금을 네 소제에
> 빼지 못할지니 네 모든 예물에 소금을 드릴지니라 레 2:13

> 나 여호와 앞에 받들어다가 제사장은 그 위에 소금을 쳐서 나 여호와
> 께 번제로 드릴 것이며 겔 43:24

이 말씀들을 보면 '소금'이 구약의 여러 의식, 특히 정결 의식을 행
하는 데 사용되었음을 알 수 있는데, 중요한 것은 엘리사가 이 소금
을 깨끗한 '새 그릇'에 담아서 가져오라고 했다는 것이다.

이 구절을 읽는데 바로 연상되어 떠오른 성경 구절이 있었다. 디모

데후서 2장의 말씀이다.

> 큰 집에는 금 그릇과 은 그릇뿐 아니라 나무 그릇과 질그릇도 있어 귀
> 하게 쓰는 것도 있고 천하게 쓰는 것도 있나니 그러므로 누구든지 이
> 런 것에서 자기를 깨끗하게 하면 귀히 쓰는 그릇이 되어 거룩하고 주
> 인의 쓰심에 합당하며 모든 선한 일에 준비함이 되리라 또한 너는 청
> 년의 정욕을 피하고 주를 깨끗한 마음으로 부르는 자들과 함께 의와
> 믿음과 사랑과 화평을 따르라 딤후 2:20-22

지금 우리 시대는 "모로 가도 서울만 가면 된다"라는 가치관에 휘
둘리기 쉬운 세상이다. 수단이나 방법은 어찌 되었건 원하는 목적만
이루면 된다는 식의 가치관이 '큰 그릇이 되라'로 연결되는 경우가 많
지 않은가?

그런데 성경에서 가르치는 하나님나라의 가치관은 큰 그릇이 아니
라 깨끗한 그릇이 되는 것에 있다. 하나님 앞에서는 깨끗한 그릇이
큰 그릇이다.

지금 본문에서 엘리사가 요구하는 것도 마찬가지다. 우리는 기억
해야 한다. 이 오염된 세상 가치관과 맞설 수 있는 힘은 깨끗하고 거
룩한 삶의 태도를 견지하는 것에서 나온다.

아버지 다윗이 죽음이 임박했을 때 아들 솔로몬에게 유언처럼 했
던 말 중에 하나가 열왕기상 2장 4절에 기록되어 있다.

여호와께서 내 일에 대하여 말씀하시기를 만일 네 자손들이 그들의 길
을 삼가 마음을 다하고 성품을 다하여 '진실히 내 앞에서 행하면' 이스
라엘 왕위에 오를 사람이 네게서 끊어지지 아니하리라 하신 말씀을 확
실히 이루게 하시리라 왕상 2:4

이것도 같은 맥락 아닌가? 아버지 다윗이 자기 삶을 돌아보며 깨
달은 것이, 큰 그릇이 되고 위대한 정치가로 우뚝 서는 것보다 중요
한 것이 하나님 앞에서 진실히 행하는 것이었다는 말이다. 그래서 임
종을 앞둔 시점에서 아들 솔로몬에게 하나님의 말씀을 간곡히 전하
는 것이다.

잠언 15장 8절에도 비슷한 말씀이 나온다.

악인의 제사는 여호와께서 미워하셔도 정직한 자의 기도는 그가 기뻐
하시느니라 잠 15:8

믿는 우리는 정직과 진실함을 회복해야 한다. 이것이 '새 그릇에
소금을 담아 가져오라'라는 엘리사 선지자의 회복을 위한 첫 번째 대
안이다.

대안 2. 물 근원으로 나아가라

회복을 위한 두 번째 대안은 '물 근원으로 나아가는 것'이다.

> 엘리사가 물 근원으로 나아가서 소금을 그 가운데에 던지며 이르되
>
> 왕하 2:21

여기 나오는 "엘리사가 물 근원으로 나아가서"란 구절을 묵상하다가 몇 년 전에 나온 《업스트림》(Upstream)이라는 책이 떠올랐다. '업스트림'은 '상류'라는 뜻이다. 이 책이 주장하는 내용은, 어떤 문제를 만났을 때 그 문제를 상류에서 근본적으로 해결하느냐, 하류에서 막기에 급급하느냐에 따라 인생이 달라지고 조직이 달라진다는 것이다.

이 책의 소개글을 보자.

"친구와 강가로 소풍을 나간 당신, 살려달라는 외침과 함께 아이가 떠내려온다. 한 명을 건지고 나니 또 한 명이 떠내려오고, 또 내려오고…. 두 사람의 힘으로는 다 구하기가 벅찬 상황! 이때 친구가 뜻밖의 말을 한다. '나는 상류(업스트림)로 가서 아이들을 물속에 던져 넣는 놈을 잡을게!'"

그림이 그려지는가? 두 친구 중 한 명은 강에 떠내려오는 아이만 계속 구해내며 하류에서 그때그때 조치를 하는데, 다른 친구는 상류로 올라가서 문제를 만들어내는 근원을 해결하겠다는 지혜로운 해

결책을 내놓는다. 그러면서 독자에게 이런 질문을 던진다.

"당신은 어떤 선택을 할 것인가? 상류로 가서 문제를 근본적으로 해결할 것인가, 하류에서 같은 일을 반복할 것인가?"

본문에서 엘리사가 제시하는 해결책이 딱 이 내용이다. 엘리사가 문제의 근원지인 '물 근원'으로 가서 소금을 던진 이유는 문제의 근원지를 찾겠다는 것이다.

문제의 진원지, 마음

물 근원으로 가서 근본적인 문제를 해결하는 엘리사의 모습을 여러 가지로 적용할 수 있겠지만, 특별히 예수님의 이 말씀에 비추어 적용해보자.

> 예수께서 이르시되 너희도 이렇게 깨달음이 없느냐 무엇이든지 밖에서 들어가는 것이 능히 사람을 더럽게 하지 못함을 알지 못하느냐 이는 마음으로 들어가지 아니하고 배로 들어가 뒤로 나감이라 이러므로 모든 음식물을 깨끗하다 하시니라 또 이르시되 사람에게서 나오는 그것이 사람을 더럽게 하느니라 속에서 곧 사람의 마음에서 나오는 것은 악한 생각 곧 음란과 도둑질과 살인과 간음과 탐욕과 악독과 속임과 음탕과 질투와 비방과 교만과 우매함이니 이 모든 악한 것이 다 속에서 나와서 사람을 더럽게 하느니라 막 7:18-23

우리 내면의 근본적인 문제가 무엇인지에 대한 점검 없이 그저 문제의 원인을 바깥에서만 찾으려는 태도는 어리석은 일이다. 이유 없이 마음에 불안과 두려움이 밀려오는가? 음란과 악한 생각이 마음을 사로잡고 있는가? 삶에 회의가 찾아오고 슬럼프에 빠져 있는가?

이런저런 일로 마음이 혼란스러울 때는 그 문제의 근원인 '업스트림'을 찾아야 하는데, 우리가 점검해야 할 기초 중의 기초는 하나님과의 관계에 대한 점검이다. 하나님과의 관계가 어긋나버린 내 안에서 시작해야 한다.

나도 목회하면서 많은 일을 겪었다. 때로는 모함당하고 나에 대한 가짜뉴스를 만들어 퍼뜨리는 일도 경험했다. 이런 마음 아픈 경험을 통해서 내가 깨달은 것이 있다. 이런 일로는 내가 망하지 않는다는 것이다. 모함당하는 그 문제가 나의 삶의 업스트림(진원지)이 아니기 때문이다.

예수님은 문제의 진원지는 내 마음 안에 있다고 말씀하신다.

"사람의 마음에서 나오는 것은 악한 생각 곧 음란과 도둑질과 살인과 간음과 탐욕과 악독과 속임과 음탕과 질투와 비방과 교만과 우매함이니."

우리 삶에 일어나는 온갖 문제를 해결하기 위한 '익스트림'은 마음이다. 마음속이 진원지다.

그때에 내가 말하되 화로다 나여 망하게 되었도다 사 6:5

가슴 벅찬 하나님의 영광을 경험한 이사야 선지자는 망하게 된 자기 내면의 실체를 깨닫게 되었다고 고백한다. 그러고는 바로 이어 나오는 말씀이 이렇게 연결된다.

그때에 그 스랍 중의 하나가 부젓가락으로 제단에서 집은 바 핀 숯을 손에 가지고 내게로 날아와서 그것을 내 입술에 대며 이르되 보라 이것이 네 입에 닿았으니 네 악이 제하여졌고 네 죄가 사하여졌느니라 하더라 사 6:6,7

나는 이 말씀에서, 망하게 된 자신의 실체를 깨닫고 고백할 때 근원적인 문제 해결이 일어난다는 영적인 원리를 깨닫는다. 이것이 '물 근원으로 나아가서 소금을 던지는' 사람이 누리는 치유와 회복이다.

대안 3. 능력의 원천이신 하나님을 찾으라

회복을 위한 마지막 세 번째 대안은, 하나님만이 문제 해결의 원천이심을 깨닫는 것이다.

본문에서 엘리사 선지자는 물의 근원으로 가서 소금을 뿌리며 말했다.

엘리사가 물 근원으로 나아가서 소금을 그 가운데에 던지며 이르되

'여호와의 말씀이 내가 이 물을 고쳤으니' 이로부터 다시는 죽음이나
열매 맺지 못함이 없을지니라 하셨느니라 하니 왕하 2:21

엘리사 선지자는 알고 있었다. 자신이 소금을 뿌리는 행위 때문에
문제가 해결되는 것이 아니라는 사실을. 문제를 해결해주시는 분은
하나님이시다. 그러므로 혼탁해진 물이 맑아지는 유일한 비결이 있
다면 혼탁해진 물을 고쳐주시는 하나님을 의지하는 것이다.

엘리사가 엘리야에게 "당신의 성령이 하시는 역사가 갑절이나 내게
있게 하소서"라고 요청한 것은 능력의 근원지가 하나님이심을 알았
기 때문이다.

그는 자신의 무능을 알았기 때문에, 시대의 악함을 알았기 때문에,
그리고 그 시대를 극복할 능력의 근원이 하나님이심을 알았기 때문
에 갑절의 영감을 구한 것이다.

엘리사의 귀한 모습은 또 있다. 스승인 엘리야 선지자가 승천하고
부재한 상황에서, 그가 어떤 반응을 보였는가?

엘리야의 몸에서 떨어진 그의 겉옷을 가지고 물을 치며 이르되 **'엘리
야의 하나님 여호와는 어디 계시니이까'** 하고 그도 물을 치매 물이 이
리저리 갈라지고 엘리사가 건너니라 왕하 2:14

참 놀라운 말씀이다. 사라진 것은 스승 엘리야 선지자인데, 지금

엘리사가 애타게 찾는 것은 엘리야가 아니라 '엘리야의 하나님'이다.

사람이 아니라 하나님을 찾으라

이것은 모세를 떠나보낸 여호수아도 마찬가지였다. 모세가 죽었다.

> 여호와의 종 모세가 죽은 후에··· 수 1:1

모세의 죽음과 부재는 당시 백성들에겐 상상하기 어려운 두려움을 가져다주는 상황이었을 것이다. 이스라엘 백성을 애굽에서 이끌어내어 홍해를 건너게 했고, 그 이후에 가나안으로 향하는 모든 과정에서 그들을 인도하던 지도자가 모세였기 때문이다.

그런데 이런 당황스럽고 두려운 상황에서 하나님께서 여호수아와 이스라엘 백성에게 주시는 말씀이 여호수아서 1장 5절이다.

> 네 평생에 너를 능히 대적할 자가 없으리니 '내가 모세와 함께 있었던 것같이' 너와 함께 있을 것임이니라 내가 너를 떠나지 아니하며 버리지 아니하리니 수 1:5

모세가 죽어 더 이상 백성을 인도할 수 없다 하더라도 문제 될 것이 없는 것은, 능력의 원천은 모세가 아니라 '모세와 함께하셨던 하나님'이시기 때문이다. 그 하나님께서 여전히 자기들과 함께해주실 것이란 말씀 하나로 그들 내면에 있던 두려움과 혼란은 사라졌다. 모세는 없어졌어도 능력의 원천이신 하나님이 여전히 함께해주실 것이기 때문이다.

같은 이치로, 엘리야는 없어져도 괜찮다. 그러므로 우리는 위기를 만날 때 부르짖어 찾아야 할 대상을 정확히 분별해야 한다. "엘리야가 어디 있습니까? 모세가 어디 있습니까?"가 아니라 "엘리야의 하나님이 어디 계십니까? 모세의 하나님이 어디 계십니까?"라고 부르짖어야 한다.

모든 능력의 원천, 하나님께 부르짖으라!

출애굽기 15장을 보면, 이스라엘 백성이 홍해를 건넌 다음에 첫 번째로 맞닥뜨린 당황스러운 일이 기록되어 있다.

> 모세가 홍해에서 이스라엘을 인도하매 그들이 나와서 수르 광야로 들어가서 거기서 사흘 길을 걸었으나 물을 얻지 못하고 마라에 이르렀더니 그곳 물이 써서 마시지 못하겠으므로 그 이름을 마라라 하였더라
>
> 출 15:22,23

본문의 "이 성읍의 위치는 좋으나 물이 나쁘므로"와 똑같은 상황

아닌가? 물은 많은데, 물이 써서 마실 수 없는 상황이다. 그러자 사람들은 두 갈래의 반응을 보인다.

한 갈래의 반응은, 원망하는 것이다.

백성이 모세에게 원망하여 이르되 우리가 무엇을 마실까 하매 출 15:24

그런가 하면, 다른 갈래의 반응은 모세가 보인 반응이다. 여호와께 부르짖는 것이다.

모세가 여호와께 부르짖었더니… 출 15:25

당신은 힘든 현실 앞에서 어떤 반응을 보이는가? 눈에 보이던 모세만을 상대하고, 모세에게 모든 책임을 전가시키며 원망하던 이스라엘 백성과 같은 태도를 보이는가? 아니면 모세처럼 문제 해결의 근원 되시는 하나님 앞에 부르짖는 기도의 자리로 나아가는가? 우리는 마라의 쓴 물 앞에서 하나님께 부르짖어 기도했던 모세처럼 하나님 앞에 나아가 기도해야 한다.

모세가 부르짖어 기도했을 때 무슨 일이 일어났는가?

이르시되 너희가 너희 하나님 나 여호와의 말을 들어 순종하고 내가 보기에 의를 행하며 내 계명에 귀를 기울이며 내 모든 규례를 지키면

내가 애굽 사람에게 내린 모든 질병 중 하나도 너희에게 내리지 아니
하리니 '**나는 너희를 치료하는 여호와임이라**' 출 15:26

이스라엘 백성이 홍해를 건너자마자 마시지도 못하는 쓴물이 솟
아오르는, 그래서 마음에 좌절과 절망이 밀려드는 가슴 아픈 '마라
의 쓴물'을 경험해야 했던 이유가 있다.

하나님께서는 홍해를 건너 광야 생활을 시작해야 하는 그 출발지
에서 이스라엘 백성들이 꼭 들어야 할 한마디 말씀을 하고 싶으셨던
것이다.

"나는 너희를 치료하는 여호와임이라."

어느 때보다 물이 나쁜 시대를 살고 있는 우리도 하나님의 이 말
씀을 기억해야 한다.

그럴 때 '우리를 치료하는 여호와'를 만나게 된다. 그럴 때 "이 성
읍의 위치는 좋으나 물이 나쁜" 상황을 완전히 고쳐주시고 해결해주
시는 하나님의 능력을 경험하게 된다.

엘리사가 이르되 새 그릇에 소금을 담아 내게로 가져오라 하매 곧 가
져온지라 엘리사가 물 근원으로 나아가서 소금을 그 가운데에 던지며
이르되 여호와의 말씀이 '**내가 이 물을 고쳤으니**' 이로부터 다시는 죽
음이나 열매 맺지 못함이 없을지니라 하셨느니라 하니 그 물이 엘리사
가 한 말과 같이 고쳐져서 오늘에 이르렀더라 왕하 2:20-22

이 은혜를 사모하는 믿음의 성도가 되기를 바란다.

▶ 열왕기하 4:1-7

¹ 선지자의 제자들의 아내 중의 한 여인이 엘리사에게 부르짖어 이르되 당신의 종 나의 남편이 이미 죽었는데 당신의 종이 여호와를 경외한 줄은 당신이 아시는 바니이다 이제 빚 준 사람이 와서 나의 두 아이를 데려가 그의 종을 삼고자 하나이다 하니 ² 엘리사가 그에게 이르되 내가 너를 위하여 어떻게 하랴 네 집에 무엇이 있는지 내게 말하라 그가 이르되 계집종의 집에 기름 한 그릇 외에는 아무것도 없나이다 하니 ³ 이르되 너는 밖에 나가서 모든 이웃에게 그릇을 빌리라 빈 그릇을 빌리되 조금 빌리지 말고 ⁴ 너는 네 두 아들과 함께 들어가서 문을 닫고 그 모든 그릇에 기름을 부어서 차는 대로 옮겨 놓으라 하니라 … ⁷ 그 여인이 하나님의 사람에게 나아가서 말하니 그가 이르되 너는 가서 기름을 팔아 빚을 갚고 남은 것으로 너와 네 두 아들이 생활하라 하였더라

Chapter 5

빈 그릇을 빌리되
조금 빌리지 말고

어느 날 선지자 수련생의 부인이 찾아와서 부르짖으며 호소했다. 남편이 세상을 떠났는데, 경제적인 어려움으로 빚을 진 상태였던 것 같다. 빚쟁이들이 찾아와서 두 아들을 노예로 삼으려고 끌고 가려고 한다는 것이다. 이런 다급한 상황에서 엘리사 선지자를 찾아온 것이다.

가슴 아픈 사연을 들은 엘리사 선지자는 특별한 기적을 베풀어 그 여인의 눈물과 아픔을 해결해주었다. 이것이 여기서 살펴볼 본문의 내용이다.

이런 내용이 담긴 본문 말씀을 묵상하는데, 감동적인 메시지들이 많이 발견되어 내 마음에 큰 감동으로 다가왔다. 감동으로 받은 그

메시지들을 이제 하나씩 살펴보려고 한다.

다급한 상황에서 엘리사를 찾은 이유
먼저 1절 말씀을 보자.

> 선지자의 제자들의 아내 중의 한 여인이 엘리사에게 부르짖어 이르되…
>
> 왕하 4:1

이 구절을 읽으면서 짚고 넘어가야 할 부분이 있다. 지금 빚쟁이들이 몰려와서 두 아들을 끌고 가려는 다급한 상황을 맞은 여인이 급히 엘리사를 찾았다. 왜 엘리사를 찾았겠는가?

이런 질문을 던지고 보니 예전 TV 프로그램 중 하나인 〈백종원의 골목식당〉이라는 프로가 생각났다. 요리 전문가인 백종원 대표가 어려움을 겪고 있는 식당들에 개선 방향을 알려주고 솔루션을 제시해주는 프로그램인데, 같은 질문이 떠오른 것이다.

'사람들은 왜 백종원 대표를 찾는가?'

수많은 식당 사장님이 그 프로그램에 출연하여 백종원 대표에게 도와달라고 하소연했는데, 여기 출연하는 식당 사장님들의 공통점 하나를 발견했다. 그 공통점이란, 자기 삶의 모든 것을 백종원 대표에게 다 이야기한다는 것이다. 식당 운영과 관련한 이야기는 물론이고 식당과 상관없는 가족 간의 깊은 이야기까지도 말이다.

언젠가는 함께 식당을 운영하는 엄마와 딸이 나왔는데, 그 엄마가 "사실 얘는 내가 낳은 딸이 아니에요"라면서 비밀스러운 가정사를 오픈하는 것이다. 깜짝 놀랐다. 카메라가 돌아가고 있고, 많은 시청자가 보게 될 텐데, 왜 이렇게까지 자기 속내를 다 오픈하는 것인가?

생각해보니 답은 간단했다. 지금 식당이 너무 안 되고 어려움을 겪고 있는 상황에서, 백종원 대표라는 전문가가 자기를 도와줄 수 있으리라 믿기 때문이다. '내가 모든 걸 다 의뢰하면 이분은 날 도와줄 것이다'라는 확신이 있으니까 체면이고 뭐고 속에 있는 아픔과 어려움을 다 얘기하는 것 아니겠는가.

본문에서 엘리사 선지자를 찾아 부르짖는 여인도 마찬가지다. 엘리사 선지자라면 자신의 문제를 해결해줄 수 있을 것이라는 확신이 있었기에 그 다급한 상황에서 엘리사를 찾은 것이다.

앞 장인 열왕기하 3장에서도 전쟁 중이던 연합군 세 왕이 다급히 엘리사 선지자를 찾았다. 전쟁 중에 연합군의 식수를 구하지 못해서 위기에 빠졌기 때문이다.

여호사밧이 이르되 우리가 여호와께 물을 만한 여호와의 선지자가 여기 없느냐 하는지라 이스라엘 왕의 신하들 중의 한 사람이 대답하여 이르되 전에 엘리야의 손에 물을 붓던 사밧의 아들 엘리사가 여기 있나이다 하니 여호사밧이 이르되 **여호와의 말씀이 그에게 있도다** 하는지라

이에 이스라엘 왕과 여호사밧과 에돔 왕이 그에게로 내려가니라

　이 상황도 다급한 중에 엘리사 선지자를 찾아가 부르짖는 여인의
상황과 비슷한 것 아닌가? 엘리사 선지자를 자기들이 겪고 있는 다
급한 상황을 도와줄 수 있는 선지자로 인정했기 때문이다.

　이런 상황을 다룬 본문 말씀이 흥미롭다. 아니, 부럽다. 어떤 면에
서는 위기를 만난 한국교회의 대안이 여기에 있는지도 모르겠다. 교
회가 교회다워지는 방법은 딱 하나다. 엘리사 선지자가 얻었던 그
신뢰를 회복하는 것이다. 엘리사가 구했던 '갑절의 은혜와 능력'을
우리도 구해야 하는 이유가 여기에 있다.

　하나님의 나라는 말에 있지 아니하고 오직 능력에 있음이라 고전 4:20

　나는 분당우리교회가 이 능력을 회복할 수 있기를 기도한다. 이
땅의 모든 교회에게 갑절의 은혜와 능력이 임하길 기도한다. 왜 이 기
도가 필요한가? 이 능력을 회복해야 교회를 향한 기대감이 회복될
수 있기 때문이다. 평소에는 존재감이 없을지라도 위기의 때에 떠올
려지는 교회가 되면 좋겠다. 우리 안에 성령의 능력이 임해야 한다.
엘리사 선지자가 구한 것처럼 성령의 갑절의 능력을 구해야 한다.

왕이든 무명의 여인이든, 기꺼이 돕는다

본문에서 또 한 가지 주목해야 할 것이 있다. 다급한 사정으로 찾아와 울부짖는 그 여인을 향한 엘리사의 태도다. 본문 2절을 보자.

엘리사가 그에게 이르되 내가 너를 위하여 어떻게 하랴… 왕하 4:2

"내가 너를 위하여 어떻게 하랴"라는 엘리사 선지자의 말속에는, 여인의 울부짖음을 외면하지 않고 그의 아픔에 반응하는 엘리사 선지자의 따뜻한 마음이 담겨 있다. 앞 장인 열왕기하 3장에서는 전쟁 중에 국가적인 위기에 빠진 세 왕이 엘리사 선지자를 찾아왔다는 내용을 언급했는데, 이런 국가적인 큰 문제에 비하면 무명의 한 여인의 눈물은 개인사였다. 국가적 사건에 비하면 사소한 일로 치부할 수 있는 일인데, 내가 감동하는 것은 국가적인 위기로 자신을 찾은 왕들을 대할 때와 조금도 다르지 않은 엘리사의 태도다.

'나는 왕들을 상대하는 사람인데, 이런 사소한 문제로 나를 찾아왔느냐'라고 말할 수 있는 게 사람이다. 그러나 엘리사는 그렇게 반응하지 않았다. 상대방이 왕이건 보잘것없는 무명의 여인이건, 그런 것으로 판단의 기준을 삼지 않고 진지하게 그 여인의 눈물을 닦아주었다.

이것이 바로 이 땅에 오신 예수님이 보여주신 정신 아닌가? 인류 구원이라는 거대한 문제를 가지고 이 땅에 오신 예수님이지만, 개인

사로 치부할 수 있는 작고 사소한 문제조차도 외면하지 않으셨던 분이 예수님이시다. 예수 믿는 우리는 이 정신을 배워야 한다. 본문에서 엘리사 선지자가 보여주는 모습이 바로 이 정신이다. 이 선한 태도가 엘리사 선지자에게서 발견되는 감동의 포인트다.

엘리사의 처방

상대방을 긍휼한 마음과 태도로 바라볼 줄 알았던 엘리사 선지자가 위기에 처한 여인을 도와주는데, 그는 그 여인에게 단계별 '네 가지 처방'을 내린다. 우리는 여기에 주목해야 한다. 이 네 가지 처방은 우리 삶에도 적용할 수 있는 원리이기 때문이다.

이제 엘리사 선지자가 다급한 문제로 호소하는 여인을 위해 내린 단계적 처방에 대해 하나씩 살펴보자.

"네 집에 무엇이 있는지 내게 말하라"

엘리사 선지자가 내린 첫 번째 처방은 "네 집에 무엇이 있는지 내게 말하라"는 것이었다.

나는 이 첫 번째 처방이 영적으로 중요한 원리를 담고 있다고 생각한다. 하나님은 내가 갖고 있는 것으로 일하시는 분이다. 그러므로 우리는 우리가 갖고 있는 것에 초점을 맞추어야 한다. 나에게 주신 달란트가 무엇인지, 나는 어떤 강점을 갖고 있는지에 대해 관심을 갖고 살펴봐야 한다.

이 질문에 여인은 뭐라고 대답했는가?

"기름 한 그릇 외에는 아무것도 없나이다."

나는 여인의 이 대답이 아쉽다. 무엇이 있느냐는 질문이었기에 그냥 '기름 한 그릇 있습니다'라고 대답하면 될 텐데, 여인은 왜 '기름 한 그릇 외에는 아무것도 없다'라며 없는 것에다 강조점을 뒀을까?

나는 여인의 이러한 화법이 오늘날 지친 현대인들의 화법과 똑같다고 생각했다. 우리는 자꾸 없는 것에 집중한다.

간혹 후배 목회자들이나 특히 우리 교회에서 분립 개척하여 나간 목회자들을 만날 때면 그들이 얼마나 힘들까 하는 생각이 들어 뭐 하나라도 돕고 싶은 마음에 이렇게 묻곤 했다.

"뭐 힘든 것은 없습니까?"

그런데 본문을 묵상하면서 내 화법에 문제가 있다는 사실을 깨달았다. 없는 것, 힘든 것에 집중하는 화법이기 때문이다. 그래서 요즘에는 의식적으로 질문을 바꾸려고 노력한다.

"담임목사로 사역하니까 어떤 점이 좋나요? 도와주는 분들은 어떤 분들인가요?"

마태복음 14장에서 예수님은 광야에서 큰 무리를 가르치셨다. 남자 장정만 5천 명이 되는데, 그들에게 먹을 것을 줘야 하는 상황에서 제자들의 시각을 보라.

> 제자들이 이르되 여기 우리에게 있는 것은 떡 다섯 개와 물고기 두 마
> 리뿐이니이다 마 14:17

자신들이 가진 것이 너무나 미미하고 연약하다는 것을 강조하는
대답이다. 우리의 화법도 항상 이렇다. 우리는 항상 우리가 가지고
있는 것의 미미함과 연약함에 집중한다.
주님은 어떻게 하셨는가?

> 이르시되 그것을 내게 가져오라 하시고 마 14:18

예수님은 그 미미한 재료를 가지고 오병이어의 기적을 베푸셨다.
그곳에 모인 모든 사람을 다 먹이고도 남게 하셨다.
이처럼 예수님은 우리에게 없는 것에 집중하지 않으시고 우리가 가
지고 있는 것에 집중하신다. 그리고 그것을 기적을 베푸는 도구로
사용하신다. 비록 그것이 어린아이의 미미한 도시락이라 할지라도
'그것밖에 없니?'라고 추궁하시는 법이 없다.
자꾸 없는 것에 집중하는 우리의 생각을 성령께서 바꾸어주셔서,
내가 가지고 있는 것들에 집중할 수 있게 해주시기를 기도한다.

나의 약점으로도 일하시는 하나님

신학교에 입학하고 설교를 하기 시작하면서부터 나는 나의 경상도 사투리와 억양으로 인해 부담을 느꼈다. 사랑의교회에서 청소년 사역을 시작했는데, 설교가 무르익고 결정적인 순간쯤, 내 발음과 억양 때문에 아이들이 웃어버리는 게 아닌가.

그게 전부가 아니다. 예배가 끝나고 나면 아이들은 내게 다가와서 질문이 있다며 "목사님, '쌀' 해보세요!"라고 한다. 내게 이걸 시켜보려고 남아서 기다리고 있었던 것이다.

'우리 아버지가 서울에서 목회하셨더라면, 그래서 내가 서울에서 태어났더라면 얼마나 좋았을까?'

당시 나는 이런 부질없는 생각을 하며, 서울 말씨를 쓰는 목사님들을 부러워하곤 했다.

그런데 지금은 상황이 역전됐다. "목사님의 설교는 독특한 악센트 때문에 졸리지 않아서 좋아요" 같은 인사를 받는 경우가 많아졌고, 특히 서울 출신의 친구나 동기 목사들로부터 나의 센 억양이 부럽다는 농담을 듣곤 한다.

내가 강조하는 것은, 하나님은 내가 가지고 있는 재료를 가지고 일하시는 분이시라는 점이다. 만약 내가 서울에서 태어났다면 그걸 가지고 일하셨을 것이고, 부유하게 자랐으면 그 덕분에 가진 것으로 일하셨을 것이며, 가난하게 자랐으면 그래서 갖게 된 것들로 일하셨을 것이다.

하나님은 우리가 가진 것으로 일하신다는 것, 이것이 엘리사의 처방에서 알 수 있는 첫 번째 교훈이다.

"빈 그릇을 빌리되 조금 빌리지 말고"

엘리사는 두 번째로 이렇게 처방을 내린다.

> 이르되 너는 밖에 나가서 모든 이웃에게 그릇을 빌리라 빈 그릇을 빌리되 조금 빌리지 말고 왕하 4:3

나는 이 말씀을 묵상하면서 "빈 그릇을 빌리되 조금 빌리지 말고"라는 엘리사의 두 번째 처방을 여러 차례 되뇌었다. 왜냐하면 여기에 중요한 두 가지 메시지가 담겨 있기 때문이다.

우선, 엘리사는 빈 그릇을 빌리라고 했다. 왜 빈 그릇이어야 하는가? 대답은 간단하다. 그래야 하나님이 채워주실 수 있기 때문이다. 별로 중요하지도 않은 것들로 꽉 채워진 그릇을 가지고 오면, 하나님이 거기에 뭘 더 채우시겠는가?

우리가 이 사실을 항상 알아야 한다. 우리는 마음의 그릇에 쓸데없는 것을 너무 많이 담아둔다. 빈 그릇이어야 한다. 비워야 한다. 그래야 거기에 하나님의 은혜가 채워질 수 있다.

내가 우리 교역자들에게 생각을 너무 많이 하지 말라고 이야기하는 이유가 바로 이것이다. 일어나지도 않을 일을 상상까지 해가면서 너무 많은 생각으로 마음을 꽉 채워버리니, 하나님의 은혜가 채워지지 않는 것이다.

그런가 하면 엘리사는 빈 그릇을 빌리되, 조금 빌리지 말라고 했다. 있는 대로 다 가져오라는 것이다. 여기에는 또 어떤 의미가 담겨 있는 것일까?

기름을 채워주시는 분은 하나님이시다. 말씀의 은혜를 주시는 분은 하나님이시다. 그러나 그릇을 준비하는 일은 우리의 몫이다.

우리 교회에서는 이십 년이 넘게 가을마다 특새를 진행했는데, 정말 신기하게 단 한 번도 하나님은 은혜 없이 빈손으로 돌려보낸 적이 없으셨다. 그 사실을 알고 있는 나는 어떤 태도를 취해야 옳은 것일까? 어차피 하나님이 은혜로 인도해주실 것이니 설교 준비를 게을리 해도 된다고 생각하는 것이 옳은 태도일까?

절대 그렇지 않다. 내가 가장 심혈을 기울여서 준비하는 설교가 특새 설교다. 어차피 하나님이 은혜로 채워주실 텐데 왜 그렇게 심혈을 기울여 말씀을 준비해야 하나? 이 질문에 간단히 대답할 수 있다. 그릇은 내가 준비해야 하기 때문이다. 이 원리를 잊으면 안 된다.

나는 너를 애굽 땅에서 인도하여 낸 여호와 네 하나님이니 '네 **입을 크게 열라**' 내가 채우리라 하였으나 시 81:10

채워주시는 분은 하나님이시지만, 기대감을 가지고 입을 크게 여는 것은 내가 해야 할 일이다. 빈 그릇을 준비해야 한다. 이미 잡동사니들로 가득 찬 그릇이 아니라, 하나님께서 채워주실 것에 대한 기대감을 가지고 빈 그릇을 준비해야 한다. 그러면 하나님이 채워주신다.

본문에서 빈 그릇을 준비하되, 할 수 있는 한 많이 준비하라는 엘리사의 말에 여인이 따르자 어떤 결과가 일어났던가?

> 여인이 물러가서 그의 두 아들과 함께 문을 닫은 후에 그들은 그릇을 그에게로 가져오고 그는 부었더니 그릇에 다 찬지라 여인이 아들에게 이르되 또 그릇을 내게로 가져오라 하니 아들이 이르되 다른 그릇이 없나이다 하니 기름이 곧 그쳤더라 왕하 4:5,6

이 장면을 상상만 해도 가슴이 벅차오른다. 하나님이 가득 채워주시는 빈 그릇! 나는 기도한다. 우리 성도들의 삶이 이러하기를. 잡다한 생각들로 가득 차 있는 우리 내면을 비워내고, 그 빈자리를 채워나가실 하나님을 기대하며 우리의 입을 크게 열어야 한다.

"너는 네 두 아들과 함께 들어가서"

세 번째로 엘리사는 이런 처방을 내린다.

너는 네 두 아들과 '함께' 들어가서 문을 닫고 그 모든 그릇에 기름을 부어서 차는 대로 옮겨 놓으라 하니라 … 그 여인이 하나님의 사람에게 나아가서 말하니 그가 이르되 너는 가서 기름을 팔아 빚을 갚고 남은 것으로 너와 네 두 아들이 생활하라 하였더라 왕하 4:4,7

"너는 네 두 아들과 함께 들어가서" 생활하라는 엘리사의 세 번째 처방을 보며 마음 아픈 성경 구절이 떠올랐다.

그 세대의 사람도 다 그 조상들에게로 돌아갔고 '그 후에 일어난 다른 세대는' 여호와를 알지 못하며 여호와께서 이스라엘을 위하여 행하신 일도 알지 못하였더라 삿 2:10

구약에 보면 홍해를 건넌 세대와 가나안을 정복한 세대가 나온다. 이들은 그 모든 과정에서 하나님이 어떻게 개입하셔서 홍해를 건너게 하셨고, 또 어떻게 해서 가나안을 정복하게 하셨는지를 경험한 세대다. 어떻게 만나와 메추라기를 먹게 하시고, 어떻게 불기둥과 구름 기둥으로 인도하셨으며, 어떻게 절대 이길 수 없는 블레셋과의 전쟁에서 칼과 방패가 되어 이기게 해주셨는지, 그 은혜를 생생하게 간직한 믿음의 선조들이다.

그러나 불행하게도 그 후에 일어난 자녀 세대에게는 그 은혜가 전수되지 않아 '다음 세대'가 아닌 '다른 세대'가 되어버렸다.

한국교회가 가장 아파해야 할 부분이 바로 이것이라 생각한다. 사사기 2장 10절의 가슴 아픈 일이 우리 한국교회에도 그대로 답습되고 있다는 것을 우리가 알고 있지 않은가? 지금 '다음 세대'여야 할 우리의 자녀 세대가 '다른 세대'가 되어버렸다.

우리의 부모 세대가 밤마다, 새벽마다 하나님께 부르짖었던 것은 하나님의 은혜를 입었기 때문이다. 목사였던 우리 아버지가 오죽 은혜를 받았으면 교회를 위해서 사십 일 금식기도를 작정하셨겠는가? 오죽하면 목회에 온 인생을 거셨겠는가? 너무나 분명한 하나님의 인도하심과 부인할 수 없는 은혜를 입었기 때문이다.

그렇게 아버지는 교회를 위해 금식기도를 하시다가 돌아가셨다. 그런데도 우리 어머니는 왜 그 일에 대해 하나님께 분노하지 않으셨는가? '하나님 어떻게 이러실 수 있나요?'라며 원망하고 실망하지 않으실 수 있었나? 부인할 수 없는 하나님의 은혜를 입었기 때문이다.

그게 눈물로 은혜를 받았던 우리 부모 세대이다. 그 은혜를 보고 자랐기 때문에 나도 목사가 됐다. 그런데 그 다음 세대는 이 은혜를 모른다.

엘리사가 왜 '두 아들과 함께 들어가라'라고 요구하는지 알겠는가? '너는 너의 두 아들과 함께 들어가서 은혜를 받아라. 그리고 그 혜택도 같이 누려라'라는 의미다.

… 남은 것으로 너와 내 두 아들이 생활하라 하였더라 왕하 4:7

이 여인이 똑똑하고 일을 잘해서 양질의 기름을 만든 게 아니다. 여호와 하나님이 채워주셔서 위기에 처한 그 가정에 이렇게 대반전이 일어날 수 있었던 것이다.

나는 가끔 개척 초기의 가을 특새가 그립다. 그때는 모이는 인원이 그렇게 많지 않았는데, 특새 때가 되면 젊은 엄마들이 담요를 하나씩 들고 아이 손을 잡고 함께 왔다. 그리고 좌석 빈자리에 담요를 깔고 아이를 재웠다. 잠을 자더라도 예배 안에 머물라는 것이다. 영문도 모른 채 새벽부터 엄마 손에 이끌려 교회에 온 그 아이들은 '도대체 엄마는 왜 잠도 못 자게 하고 나를 끌고 교회에 온 거야?'라고 생각했을 것이다. 하지만 그렇게 예배당 안에서 부모와 자녀가 함께할 때, 부모가 받은 그 은혜가 자녀에게도 흘러가게 된 줄 믿는다.

엘리사가 과부가 된 그 여인에게 '너는 네 두 아들과 함께 들어가라'라고 요구했던 것처럼, 우리 다음 세대가 다른 세대가 되지 않도록, 설령 이미 다른 세대가 되어버린 것 같은 자녀일지라도 우리가 받은 은혜를 자녀에게도 나누고 전수할 수 있도록 애쓰고 노력하기 바란다. 그러기 위해 엘리사의 이 세 번째 처방을 꼭 마음에 담기 바란다.

문을 닫고

마지막 네 번째 처방은 "문을 닫고"이다.

너는 네 두 아들과 함께 들어가서 '**문을 닫고**' 그 모든 그릇에 기름을 부어서 차는 대로 옮겨 놓으라 하니라 여인이 물러가서 그의 두 아들과 함께 '**문을 닫은 후에**' 그들은 그릇을 그에게로 가져오고 그는 부었더니 왕하 4:4,5

이게 무슨 의미일까? 성경은 왜 '문을 닫고'를 두 번이나 넣어서 강조했을까? 이 질문은 내가 어릴 때 했던 질문과 똑같다. 나는 어릴 때 왜 '기도는 눈 감고 하는 것'인지 늘 궁금했다. 왜 기도는 눈을 감고 해야 하는가? 눈 뜨고도 기도할 수 있지 않은가? 이것이 본문의 '문을 닫고'와 똑같은 이치다.

이유가 궁금하면 주일 예배 대표기도 시간에 눈 뜨고 한번 해보라. 왜 눈을 감으라고 했는지 금방 이해가 될 것이다. 눈 뜨고 기도하면 '저 사람은 머리 스타일이 좋네, 나쁘네' 하면서 눈에 들어오는 온갖 장면에 마음을 빼앗기곤 한다. 이것이 기도할 때 눈을 감는 이유다. 어수선한 모든 것을 다 떨치고 오직 하나님께 집중하고 몰두하기 위해서다.

집중력이 관건이다

신앙생활은 결국 집중력의 문제다. 예수 믿고 한 달 만에 놀라운 성장을 경험하는 사람이 있는가 하면, 예수 믿고 이십 년이 지나도 제자리를 맴도는 사람이 있다. 여기에는 여러 요인이 있겠지만, 가장 중요한 요인 중 하나가 집중력이다. 예수 믿은 지 얼마 안 된 사람이라도 하나님의 은혜를 사모하고 갈망하여 집중함으로 하나님께 매달리는 사람은 한 달이 아니라 첫 주에 주님 앞에서 뒤집어지는 경우도 있다.

신앙생활을 헬스클럽 다니는 정도의 취미생활과 비슷하게 생각하고, 어슬렁어슬렁 예배 시간 느지막하게 와서 겨우 시간만 채우듯이 예배를 드리면 십 년을 교회 다녀도 은혜를 경험하기 어렵다.

집중해야 한다. 문을 닫아야 하는 것이다. 주님께 집중하고, 다른 관심사를 끊어야 한다. 오늘 우리 시대에 가장 중요한 것이 바로 이 집중력이다.

목회도 해보니, 집중력이 관건이다. 나는 외부 활동을 거의 안 하는 편이다. 때로는 그것 때문에 핀잔을 듣기도 하고 미안한 마음이 들기도 한다. 그러나 여기도 참석하고 저기도 관여하고, 연합회 회장도 맡고 이사장도 맡는다면 목회에 집중하기 어렵다는 것을 잘 알기 때문에 선택하고 결정한 것이다.

언젠가 성도들에게 '골프가 목회보다 더 재미있을까 봐 아예 골프를 안 친다'라고 얘기한 적이 있다. 그만큼 나는 목회에 집중하기를 원하고, 내 안에는 그에 대한 절박함이 있다. 그래서 아예 문을 닫고 차단하는 것이다. 집중하기 위해서다.

나는 하나님이 허락하신다면 온종일 교회에 머물며 그 자리를 지키길 원한다. '문을 닫고' 그 자리를 지키며, 찾아오는 성도들 상담도 해주고, 기도도 해드리고, 부교역자들을 격려하고, 말씀을 준비하고 싶다. 중요한 것은 집중력이기 때문이다.

시대마다 사탄의 공격 포인트가 다른데, 오늘날 사탄의 가장 강력한 공격 포인트는 '집중력'인 것 같다. 특히 청년들의 집중력을 흐트리기 위해 사탄은 스마트폰과 인터넷, SNS 등 온갖 수단을 다 쓴다. 그 때문인지 지금 청년들은 너무 산만하다. 그렇다면, 우리가 어떻게 해야 하나?

나는 필요할 때 말고는 스마트폰을 가까이에 두지 않는다. 집중에 방해되기 때문이다. 스마트폰이 우리의 집중력을 얼마나 깨뜨리는지 안다면 멀리하는 결단을 해야 한다.

나는 특히 우리 청소년들이 은혜를 받아서 스마트폰을 멀리하겠다는 결단을 내렸으면 좋겠다. 아마도 청소년들이 스마트폰 없이 산다는 것은 거의 불가능할 것이다. 그럼에도 집중하기 위해 스마트폰을 멀리하겠다고, 부모님에게 맡기겠다고 결단하는 놀라운 역사가 많이 일어나기를 바란다.

우리의 집중력을 깨뜨리려는 사탄의 공격에 적극적으로 대항하여 하나님께 집중하자. 문을 닫고 집중함으로 하나님의 은혜와 역사를 경험하자.

우리의 삶은 위기의 연속이다. 그러니 위기를 만난 여인을 위해 엘리사 선지자가 처방한 이 네 가지를 기억하자. 그리고 이것을 우리 삶에 적용시켜 보자. 그래서 위기를 오히려 하나님의 특별한 은혜를 경험하는 도구로 만들어가시는 하나님의 일하심을 맛보는 인생이 되도록 하자.

▶ 열왕기하 4:8-37

··· 18 그 아이가 자라매 하루는 추수꾼들에게 나가서 그의 아버지에게 이르
렀더니 19 그의 아버지에게 이르되 내 머리야 내 머리야 하는지라 그의 아
버지가 사환에게 말하여 그의 어머니에게로 데려가라 하매 20 곧 어머니에
게로 데려갔더니 낮까지 어머니의 무릎에 앉아 있다가 죽은지라 ··· 32 엘리
사가 집에 들어가 보니 아이가 죽었는데 자기의 침상에 눕혔는지라 33 들어
가서는 문을 닫으니 두 사람뿐이라 엘리사가 여호와께 기도하고 34 아이 위
에 올라 엎드려 자기 입을 그의 입에, 자기 눈을 그의 눈에, 자기 손을 그의
손에 대고 그의 몸에 엎드리니 아이의 살이 차차 따뜻하더라 35 엘리사가
내려서 집 안에서 한 번 이리 저리 다니고 다시 아이 위에 올라 엎드리니 아
이가 일곱 번 재채기 하고 눈을 뜨는지라 36 엘리사가 게하시를 불러 저 수
넴 여인을 불러오라 하니 곧 부르매 여인이 들어가니 엘리사가 이르되 네
아들을 데리고 가라 하니라 37 여인이 들어가서 엘리사의 발 앞에서 땅에
엎드려 절하고 아들을 안고 나가니라

Chapter 6

흔들리지 않는
참 행복의 비결

이번 장에서 살펴볼 본문은 엘리사 선지자가 수넴에서 만난 한 여인과의 이야기를 다루고 있는데, 이 여인은 엘리사 선지자를 극진하게 섬긴다. 그 내용이 열왕기하 4장 8절에 기록되어 있다.

> 하루는 엘리사가 수넴에 이르렀더니 거기에 한 귀한 여인이 그를 간권하여 음식을 먹게 하였으므로 엘리사가 그곳을 지날 때마다 음식을 먹으러 그리로 들어갔더라 왕하 4:8

그녀는 정성을 다해서 주의 종 엘리사를 섬겼는데, 심지어 자기 남편에게 이런 부탁까지 했다.

청하건대 우리가 그를 위하여 작은 방을 담 위에 만들고 침상과 책상
과 의자와 촛대를 두사이다 그가 우리에게 이르면 거기에 머물리이다
하였더라 왕하 4:10

지금까지는 정성껏 음식을 준비하여 대접했는데, 이제 아예 엘리사
를 위한 방을 마련해두자고 남편에게 청한 것이다. 엘리사를 섬기는
일에 어느 정도로 정성을 다했는지 느껴지지 않는가?

이 여인은 그렇게 극진하게 엘리사 선지자를 섬겼다. 그런데 본문 9
절에 보면 이 여인의 극진한 사랑의 중심이 어디에 있는지 볼 수 있다.

여인이 그의 남편에게 이르되 항상 우리를 지나가는 이 사람은 '**하나
님의 거룩한 사람인 줄을 내가 아노니**' 왕하 4:9

그 여인이 엘리사 선지자를 그토록 극진히 섬겼던 것은 그가 대단
한 사람이어서가 아니라 하나님의 일을 하는 주의 종이기 때문이었
다. 그 이유 하나 때문에 정성을 다해 섬긴 것이다. 수넴 여인은 마
음을 다하여 하나님을 사랑하는 사람이었고, 그 사랑을 실제 삶 속
에서 나타내 보여준 사람이었던 것이다.

하나님을 향한 사랑이 섬김의 모습으로 나타난다

본문의 수넴 여인을 보면서 야고보서 2장 15-17절 말씀이 떠올랐다.

> 만일 형제나 자매가 헐벗고 일용할 양식이 없는데 너희 중에 누구든지
> 그에게 이르되 평안히 가라, 덥게 하라, 배부르게 하라 하며 그 몸에 쓸
> 것을 주지 아니하면 무슨 유익이 있으리요 이와 같이 행함이 없는 믿
> 음은 그 자체가 죽은 것이라 약 2:15-17

믿음이 그 사람의 삶 속에서 섬김으로 드러날 때 우리는 감동을
받는다. 수넴 여인이 그랬던 사람이다. 이 시대 성도들과 사람들이
나 같은 목회자들에게 바라는 게 바로 이 모습이다. 강단에서 믿음
이 선포되는 것도 좋지만, 강단 아래에서의 삶에서 자기가 선포한 말
씀대로 살아가기를 원하는 것이다.

그래서 나는 마이크 앞에서 설교하는 게 전부가 아니라 내가 선포
한 말씀을 최대한 살아내려고 애쓰는 것까지가 내 책임이라고 생각
한다. 물론, 완벽할 수 없으니 성도들에게 늘 '완벽을 기대하지 말아
달라'라고 당부하곤 한다.

사실, 성도들이 목회자에게 요구하는 건 완벽한 모습이 아니라 '적
어도 말한 대로 살려고 애쓰는 모습'이다. 목회자뿐 아니라 하나님
을 믿는 모든 성도의 삶에서 믿음을 행하려는 애씀이 있을 때 감동을
받는다.

한 가지 특이한 것은 본문을 보면 엘리사를 '엘리사'라고 지칭하여 부르지 않는다는 것이다. 수넴 여인도 엘리사를 가리킬 때 '하나님의 거룩한 사람' 혹은 '그 하나님의 사람'이라고 표현한다. 무게가 '엘리사' 한 개인에게 있는 것이 아니라 그 사람이 수행하고 있는 역할에 있다는 것이다.

나는 성도들에게 과분할 만큼 큰 사랑을 받고 있다. 그런데 그 사랑은 자연인 이찬수를 향한 것이 아니라 주의 종으로서, 주의 일을 행하는 존재로서의 이찬수를 향한 사랑이다. 성도들의 그 기도와 사랑이 목사를 영적으로 먹여 살리는 양식이다. 이것이 본문을 통해 다루고 싶은 포인트다.

이러한 사랑이 가득한 교회가 행복한 교회다. 수넴 여인처럼 하나님을 뜨겁게 사랑하는 사람이 모였을 뿐 아니라 늘 주변 사람에게 그 사랑을 표현하는 사람이 많이 모인 교회, 그런 교회는 행복한 교회다.

우리 교회에서는 매주 금요일이나 주말에 '다락방'이라고 하는 소그룹 모임을 갖는다. 이 모임에는 많은 성도들이 참여한다. 특히 직장인들이 다락방 모임에 많이 참여한다. 아무리 바쁘고 힘들어도, 설령 잠이 부족해도 다락방엔 빠지지 않는다. 하나님을 사랑하는 사람들이 모여서 서로를 향해 사랑을 표현하는, 행복한 모임이기 때문이다.

용납의 사랑이 있을 때 행복해진다

언젠가 소그룹 나눔 교재 중에 이런 내용이 나왔다.

"우리 모두는 궁극적으로 하나님의 용납의 열매이지만 또한 하나님의 마음을 가진 주변 사람들의 용납의 열매이기도 합니다."

이게 무슨 뜻인지 알겠는가? 우리가 이렇게 행복하게 신앙생활 할 수 있는 건 부족한 우리를 용납해주시는 하나님의 용납 덕분이지만, 그게 다가 아니라 하나님의 마음을 가진 성숙한 주변 사람들의 용납과 용서가 있었기 때문이란 것이다.

우리 교회에서 찬양 인도를 하던 목사님이 대학생 시절에 겪은 일이다. 그 분이 선교사들이 모이는 모임에서 찬양 인도를 했는데, 굉장히 중요한 자리였다고 한다. "사막에 샘이 넘쳐흐르리라"라는 찬양을 아주 멋지고 웅장하게 편곡하여 부르는데, 너무 긴장한 나머지 이렇게 불렀다고 한다.

"사막에 샘이 넘쳐흐르리라 사막에 꽃이 피어 향내 내리라

그 누가 아무리 자기네 땅이라고 우겨도 독도는 우리 땅."

세상에, 다시 생각해도 웃음이 나는 실수지만, 당시 젊은 찬양 사역자였던 그 분의 입장에선 얼마나 앞이 캄캄했겠는가. 그런데 그 모임을 주관하던 목사님이 이런 치명적인 실수를 저지른 젊은 찬양 인도자를 야단치지 않고 오히려 이렇게 말씀하셨다고 한다.

"네가 얼마나 큰 사람이 되려고 사고를 쳐도 이렇게 크게 치니. 내가 보니까 너는 하나님께서 크게 쓰실 사람이다."

얼마나 놀라운 용납인가. 그때 그렇게 치명적인 사고를 쳤던 그 목사님이 이런 고백을 했다.

"이처럼 저는 누군가의 용납의 열매입니다."

이 고백이 나를 정말 찡하고 뭉클하게 만들었다. 보통, 이런 용납을 많이 받은 사람이 용납을 많이 한다. 이분도 그런 분이었다.

우리는 하나님의 용납을 많이 받은 존재일 뿐 아니라, 하나님의 용납의 은혜를 받은 주변의 너무나 훌륭한 믿음의 형제들의 용납으로 오늘 여기까지 이른 것이다.

이 용납의 사랑을 많이 흘려보내야 한다. 물론 교회는 잘못을 잘못으로 지적할 수 있어야 한다. 하지만 그 이전에 용납의 사랑과 은혜가 흐르는 곳이어야 한다.

"덜 논리적이면서 더 사랑하라."

액자로 만들어서 내 사무실에 걸어둔 문구다. 벌써 한참 됐다. 요즘도 오며 가며 보고 있다. 나는 꿈꾼다. 중요한 모임에서 초보 사역자가 큰 실수를 해서 망쳐버렸을 때, 나도 그 목사님처럼 그렇게 용납의 말을 해주는 목사가 되고 싶다.

사랑이 사람을 살린다. 논리가 살리는 게 아니다. 자꾸 따지는 것을 좋아하고, 시시비비 가리기를 좋아하면 안 된다. 덜 논리적이면서 더 사랑해야 한다.

이처럼 서로를 섬기고 사랑하는 사람들에게는 하나님께서 행복이라는 선물을 주신다. 본문에 보면 수넴 여인의 극진한 사랑을 받은 엘리사 선지자가 그 섬김에 감동을 받아 이런 말을 한다.

> 엘리사가 자기 사환에게 이르되 너는 그에게 이르라 네가 이같이 우리를 위하여 세심한 배려를 하는도다 내가 너를 위하여 무엇을 하랴 왕에게나 사령관에게 무슨 구할 것이 있느냐 하니 여인이 이르되 **나는 내 백성 중에 거주하나이다 하니라** 왕하 4:13

나는 이 말씀에 큰 감동을 받았다. 엘리사 선지자가 수넴 여인에게 '당신이 나에게 극진히 섬겨주니 너무나 감사합니다. 나도 당신을 위해 뭐라도 해드리고 싶습니다'라고 하자 그 여인은 이렇게 답한다. "나는 내 백성 중에 거주하나이다."

좀 생뚱맞은 대답 같지만, '새번역 성경'으로 보면 여인의 이 말의 의미를 좀 더 자세히 알 수 있다.

> 저는 저의 백성과 한데 어울려 잘 지내고 있습니다 왕하 4:13, 새번역

그러니까 이 여인의 말을 풀이하면 이런 뜻이다. 엘리사 선지자가 '나도 당신을 위해 뭐라도 해드리고 싶다'는 요지의 말을 했을 때 '저

를 위해서 해주실 게 없습니다. 저는 부족한 것이 없는 행복한 사람입니다. 저는 하나님의 백성 중에 거주하며 하나님의 사랑을 받고 그 백성들의 사랑을 받는 사람입니다'라고 한 것이다. 이렇게 고백하는 것이 신앙생활인 줄 믿는다.

교회를 잘 만나면 '만남의 축복'이 주는 행복을 누리게 된다. 위로는 하나님께서 주시는 은혜로 행복해지고, 서로간에는 성도들과 나누는 사랑으로 행복해진다.

앞에서도 얘기했듯이, 나는 대외적인 활동은 거의 안 한다. 그런 나를 보고 주변에서 자꾸 묻는다. 목사님들과 교제도 안 하고 교회에만 꽁꽁 묶여 있는데, 외롭지 않으냐고 말이다. 그러면 나는 이렇게 대답한다.

"우리 교회의 젊은 교역자들과 좋은 교제를 나누고 있어서 외롭지 않습니다."

나는 진짜로 행복하다. 함께 사역하는 부교역자들과 나이 차이는 좀 있지만, 어떨 때 보면 형님 같기도 한 성숙한 교역자들이 얼마나 많은지 모른다. 그들과 머리를 맞대고 사역을 위해 함께 고민하고 논의하며 알콩달콩 잘 지내고 있는데, 내가 외로울 새가 어디 있겠는가? 그리고 너무나 헌신적으로 교회를 사랑하고 목사에게 사랑을 주는 성도들과 함께 예배하고, 찬양하고, 부르짖어 기도하며 행복하게 목회하고 있는데, 어떻게 내가 외롭겠는가?

누군가 나에게 "목사님, 뭐 해드릴까요?"라고 묻는다면, 나도 수넴 여인과 똑같은 말을 하고 싶다.

"저는 하나님의 백성이고, 이렇게 하나님의 백성들과 어울려 지내고 있으니 부족한 게 없습니다."

당신은 어떤가? 행복한 신앙생활을 하고 있는가? 우리가 다 이렇게 대답할 수 있기를 바란다. 주님 안에서, 주의 백성과 더불어서 행복하기를 바란다. 이것이 수넴 여인이 보여준, 너무나 아름답고 행복한 모습이다.

행복 비결 1. 위기를 만날 때 하나님께 집중하는 능력

우리가 이런 참 행복을 회복하기 위해선 우리 자신에게 두 가지 질문을 던져야 한다. 첫 번째 질문은 이것이다.

"나는 '하나님께 집중하는 능력'이 있는가?"

'하나님께 집중하는가?'라고 하지 않고 '하나님께 집중하는 능력이 있는가?'라고 표현한 이유가 있다. 하나님께 집중하는 것도 능력임을 강조하기 위해서다.

본문에서 수넴 여인은 절망을 경험했다. 아들이 죽었다. 어미의 심정으로 이보다 더 큰 절망이 어디 있겠는가? 게다가 이 아들은 아이가 없던 이 여인에게 하나님이 특별하게 주신 아들이었다.

엘리사가 이르되 한 해가 지나 이때쯤에 네가 아들을 안으리라 하니 여인이 이르되 아니로소이다 내 주 하나님의 사람이여 당신의 계집종을 속이지 마옵소서 하니라 여인이 과연 잉태하여 한 해가 지나 이때쯤에 엘리사가 여인에게 말한 대로 아들을 낳았더라 왕하 4:16,17

그런 아들이 어느 날 갑자기 맥없이 죽어버린 것이다.

그 아이가 자라매 하루는 추수꾼들에게 나가서 그의 아버지에게 이르렀더니 그의 아버지에게 이르되 내 머리야 내 머리야 하는지라 그의 아버지가 사환에게 말하여 그의 어머니에게로 데려가라 하매 곧 어머니에게로 데려갔더니 낮까지 어머니의 무릎에 앉아 있다가 죽은지라 왕하 4:18-20

슬픔은 항상 이렇게 갑작스럽게 온다. 예고 없이 말이다. 그래서 슬픔은 대개 우리를 너무 당황하게 만든다.

그런데 '나는 하나님의 백성이고 또 하나님의 백성들과 아름다운 교제를 하기 때문에 부족한 게 없습니다'라고 했던 이 수넴 여인의 고백이 슬픔을 당한 상황에서도 힘을 발휘하는 것을 볼 수 있다.

이 여인에게 절망적인 슬픔이 찾아왔는데, 놀랍게도 그녀에게는 그 절망적인 슬픔을 방어하는 능력이 있었다. 일단 그 여인은 절망적인 슬픔 앞에서도 너무나 침착하다. 당황하지 않는다.

> 그의 어머니가 올라가서 아들을 하나님의 사람의 침상 위에 두고 문을
> 닫고 나와 그 남편을 불러 이르되 청하건대 사환 한 명과 나귀 한 마리
> 를 내게로 보내소서 내가 하나님의 사람에게 달려갔다가 돌아오리이다
>
> 왕하 4:21,22

아들이 죽자 수넴 여인은 그 아들을 엘리사가 머물던 처소 침상에
눕히고 엘리사를 찾으러 다녀오겠다고 한다. 그 표현이 "내가 하나
님의 사람에게 달려갔다가 돌아오리이다"다. 여기서도 이 여인은 '엘
리사'에게 갔다 오겠다고 하지 않고 '하나님의 사람'에게 갔다 오겠
다고 한다. 하나님을 찾는 일에 얼마나 집중했는지를 알 수 있는 표
현이다.

하나님의 사람 엘리사를 찾으러 갈멜산으로 간 여인은 드디어 엘
리사를 만났다.

> 드디어 갈멜산으로 가서 하나님의 사람에게로 나아가니라 하나님의
> 사람이 멀리서 그를 보고 자기 사환 게하시에게 이르되 저기 수넴 여
> 인이 있도다 너는 달려가서 그를 맞아 이르기를 너는 평안하냐 네 남
> 편이 평안하냐 아이가 평안하냐 하라 하였더니 여인이 대답하되 평안
> 하다 하고 왕하 4:25,26

여기서도 놀라운 포인트 하나를 발견할 수 있다. 멀리서 수넴 여인

이 오는 것을 보고 엘리사 선지자가 사람을 보내어 그녀를 맞게 하며 "너는 평안하냐 네 남편이 평안하냐 아이가 평안하냐?"라고 안부를 묻게 한다. 그랬더니 이 여인이 "평안하다"라고 대답한다.

보통 사람 같으면 이런 상황에서 울음보가 터질 텐데, 이 여인은 조금도 동요하지 않고 "평안하다"라고 대답한다. 절대로 평안할 수 없는 상황에서 "평안하다"라고 하는 그녀의 놀라운 대답은 무엇을 의미하는가? 사람에게 자기 슬픔을 토하지 않을 정도로 흔들림 없는 평정심을 갖고 있다는 뜻이다.

이어서 27절을 보자.

> 산에 이르러 하나님의 사람에게 나아가서 그 발을 안은지라… 왕하 4:27

나는 이 말씀이 이 여인의 극도의 슬픔을 표현한 것이라고 생각한다. '발을 안았다'라는 것은 무너졌다는 것을 보여주는 표현이다. 사람의 안부, 즉 게하시의 안부에는 미동도 하지 않고 동요되지 않던 여인이 하나님의 사람 엘리사의 발을 안고 무너졌다. 그녀는 사람 엘리사 앞에서 무너진 게 아니라 '하나님의 사람' 앞에서 무너져버린 것이다.

그만큼 이 여인은 사람이 아닌 하나님께 집중했고, 그것이 이 여인에게 어떤 상황에서도 흔들리지 않는 집중력을 가져다주었다.

참 행복을 위한 집중 훈련

우리가 하나님 앞에서 행복을 되찾기를 원한다면 하나님께 집중하는 훈련을 해야 한다. 하나님께 집중하는 것이 능력이다. 내가 종종 우리 교회 젊은 목사들에게 당부하는 말이 있다.

"우리 정말 우리가 설교한 대로 살아보자. 적어도 설교한 대로 살아보기 위해 흉내라도 내보자. 맨날 성도들에게는 '불안해하지 말라. 두려워하지 말라. 하나님이 함께하신다'라고 설교해 놓고, 우리에게 조그마한 어려운 일이 생기면 사색이 되어 어쩔 줄 몰라 안절부절못하면 너무 우스운 일 아닌가."

어떻게 살자는 것인가? 위기를 만날 때 믿음이 작동되는 삶을 살자는 것이다. 절망적인 일을 만난 수넴 여인이었지만, 사람 앞에서는 슬픔을 표하지 않을 정도로 자기를 통제할 수 있는 믿음, 이 믿음이 작동되는 삶을 살자는 것이다.

그리고 하나님 앞에 나와서 그 모든 슬픔을 토해 놓는 것이다. 하나님 앞에서 눈물 흘리는 것이다.

"하나님께 문제란 없다. 단지 계획만 있을 뿐이다"라는 글을 본 적이 있다. 정말 공감 가는 표현이다. 마라의 쓴 물 앞에서 이스라엘 백성은 원망했지만, 모세는 기도했다. 왜 그럴 수 있었는가? 백성들에겐 이것이 자기 인생에 닥친 치명적인 문제였지만, 모세는 이것 역시 하나님의 계획임을 알았기 때문이다.

이스라엘 백성이 광야를 통과하는 과정 중에 아픔을 겪어야 했던 것은, 그 훈련을 통해 하나님 앞에서 성숙해져야 한다는 하나님의 계획이 있었기 때문이었다.

하나님께 집중하는 능력이 있었던 모세는, 하나님의 계획이 있음을 믿었고, 알았다. 그랬기에 모세는 위기 속에서도 흔들리지 않았다. 수넴 여인도 마찬가지였다.

위기를 만날 때 모세처럼 그리고 수넴 여인처럼 하나님께 집중하는 능력을 구해야 한다. 그것이 참 행복을 누리기 위한 비결이다.

행복 비결 2. 사랑에서 나오는 공감 능력

우리가 참 행복을 회복하기 위해 던져야 할 두 번째 질문은 이것이다.

"나는 사랑에서 나오는 공감 능력이 있는가?"

우리가 행복해지기 위해선 '공감 능력'이 있어야 하는데, 조건이 있다. '사랑에서 나오는' 공감 능력이다.

본문을 보면 슬픔을 당한 수넴 여인을 상대하는 두 남자가 나온다. 그런데 이들의 태도가 너무 다르다. 하나님의 사람인 엘리사와 그의 사환인 게하시가 이 여인을 대하는 태도가 너무 다른데, 먼저 게하시의 태도는 어땠는가?

그런 다음에 곧 그 여인은 산에 있는 하나님의 사람에게로 가서, 그의 발을 꼭 껴안았다. '게하시가 그 여인을 떼어 놓으려고 다가갔으나' …

왕하 4:27, 새번역

게하시의 행동을 보면, 그는 이 여인의 슬픔에 공감하지 못했다. 이에 반해 하나님의 사람 엘리사의 태도는 어땠는가?

> 그런 다음에 곧 그 여인은 산에 있는 하나님의 사람에게로 가서, 그의 발을 꼭 껴안았다. 게하시가 그 여인을 떼어 놓으려고 다가갔으나, 하나님의 사람이 말리면서 말하였다. "그대로 두어라. 부인의 마음속에 무엇인가 쓰라린 괴로움이 있는 것 같구나. 주님께서는, 그가 겪은 고통을 나에게는 감추시고, 알려주지 않으셨다." 왕하 4:27, 새번역

우리에겐 상대방의 슬픔을 공감할 능력이 없다. 어쩌면 게하시의 반응은 지극히 당연한 반응인지도 모른다. 그가 그렇게 반응할 수밖에 없었던 것은 상대방의 슬픔을 모르기 때문이다. 이런 점에서 나는 발을 붙잡고 우는 여인을 떼어놓으려는 게하시를 향한 엘리사의 한마디가 눈물겹다.

"그대로 두어라."

슬픔을 당한 여인을 대하는 태도뿐 아니라, 죽은 여인의 아들을 대하는 태도에서도 차이가 있었다. 먼저 게하시는 어땠는가?

본문 31절에 보면 엘리사 선지자는 게하시에게 지팡이를 건네며,

그 지팡이를 죽은 아이의 얼굴에 놓으라고 명령했다. 게하시는 시키는 대로 했다.

> 게하시가 그들보다 앞서가서 지팡이를 그 아이의 얼굴에 놓았으나 소리도 없고 듣지도 아니하는지라 돌아와서 엘리사를 맞아 그에게 말하여 아이가 깨지 아니하였나이다 하니라 왕하 4:31

지금 게하시는 엘리사 선지자가 시키는 대로 하긴 했는데, 꼭 인공지능 로봇이 명령을 수행하는 것 같다. 이것이 얼마나 무미건조한 반응인지는 그 뒤로 이어진 하나님의 사람 엘리사의 반응을 보면 알 수 있다.

> 엘리사가 집에 들어가 보니 아이가 죽었는데 자기의 침상에 눕혔는지라 들어가서는 문을 닫으니 두 사람뿐이라 엘리사가 여호와께 기도하고 아이 위에 올라 엎드려 자기 입을 그의 입에, 자기 눈을 그의 눈에, 자기 손을 그의 손에 대고 그의 몸에 엎드리니 아이의 살이 차차 따뜻하더라 엘리사가 내려서 집 안에서 한 번 이리저리 다니고 다시 아이 위에 올라 엎드리니 아이가 일곱 번 재채기 하고 눈을 뜨는지라 왕하 4:32-35

게하시와 엘리사의 반응의 차이가 확 두드러지지 않는가? 공감 능력이 없던 게하시에게는 그 여인의 슬픔이 와닿지 않았다. 그래서 시키는 대로 하긴 했지만, 무미건조한 것이다.

'시키는 대로 다 했는데, 아무 일도 없는데요? 안 살아나는데요?'

하지만 엘리사는 문을 닫고 들어가 여호와께 기도하며 죽은 그 아이 위에 엎드려 자신의 눈을 그 아이의 눈에, 자신의 입을 그 아이의 입에, 자신의 손을 그 아이의 손에 맞추었다. 죽은 아이를 살리고자 하는 엘리사의 간절한 마음이 느껴지지 않는가?

여기서 엘리사가 '문을 닫고' 들어간 이유는 집중을 위해서다. 아들을 잃은 그 여인의 슬픔에 공감하는 능력이 있었기에, 엘리사는 죽은 아이를 살리고자 하는 마음도 간절했던 것이다.

오늘날 우리 목회자들이 이 말씀을 꼭 들어야 한다. 그들은 다 똑같이 심방 요청이 오면 심방하고, 기도 요청이 오면 기도해준다. 그런데 게하시처럼 목회하는 사람이 있고, 엘리사처럼 목회하는 사람이 있다. 그 심방과 기도에 마음이 실리느냐 안 실리느냐의 차이다.

교회에서 소그룹 리더들의 역할도 매우 중요한데, 이들도 두 부류로 나눌 수 있다. 게하시처럼 모임을 인도하는 리더가 있고, 엘리사처럼 마음을 담아서 간절함을 가지고 인도하는 리더가 있다.

본문을 보면 엘리사가 제일 먼저 한 것은, 기도다. 역시나 기도가 제일 먼저다. 엘리사는 문을 닫아놓고 여호와께 기도했다. 그런 후에 '기도했으니, 이제 내 할 일은 다 했어'라며 그치지 않았다. 기도한 후에도 '내가 뭐 더 할 게 없나'라는 자세를 보이지 않는가? 그래서 그런 이상한 행동을 한 것이다.

더욱이 당시 정결법에 따르면 시체를 만져선 안 됐다. 그러나 아들을 잃은 여인의 슬픔에 깊이 공감하여 어떻게든 아이를 살리고자 했던 엘리사는 그 마음을 담아 자신이 부정해지는 한이 있더라도 그 아이 위에 엎드린 것이다. 사랑에서 나온 깊은 공감 능력으로 인한 행동이다.

사랑의 정신이 전수되어야 한다

우리가 계속해서 살펴보고 있듯이, 열왕기하 2장 9절에서 엘리사는 스승인 엘리야에게 "성령이 하시는 역사가 갑절이나 내게 있게 하소서"라고 구했다. 엘리사의 이 같은 간구는 "내가 네게 어떻게 할지를 구하라"라는 스승 엘리야의 마지막 요청에 대한 답이었다.

이는 기계적으로 나온 대화가 아니다. 엘리야가 스승으로서 제자에게 마지막으로 너무나 따뜻한 말을 건넸고, 그 요청에 지극한 간절함을 담아서 엘리사가 대답한 것이다.

'내가 마지막으로 너에게 뭔가를 해주고 싶은데, 뭐 해줄까?'

'스승님, 이 험한 시대에 스승님처럼 하나님이 맡기신 사역을 잘 감당할 수 있도록 성령의 능력을 갑절로 주세요.'

그런데 성경을 쭉 읽다 보면 이 장면이 연상되는 장면들이 반복된다. 열왕기하 4장 2절에서 엘리사는 남편을 잃고 두 아들이 빚쟁이들에게 노예로 끌려갈 위기를 만난 여인의 절규에 이렇게 말한다.

엘리사가 그에게 이르되 내가 너를 위하여 어떻게 하랴 왕하 4:2

절규하는 여인에게 건넨 따뜻한 사랑의 언어다. 이것이 누구에게 배운 것이겠는가? 스승에게 배운 것 아니겠는가? 우리가 지금 살펴보고 있는 수넴 여인을 향한 사랑의 언어도 마찬가지다.

엘리사가 자기 사환에게 이르되 너는 그에게 이르라 네가 이같이 우리를 위하여 세심한 배려를 하는도다 내가 너를 위하여 무엇을 하랴 …
왕하 4:13

이것 역시 스승인 엘리야에게서 전수받은 것 아닌가? 우리는 엘리야와 엘리사의 마지막 장면에서 스승이 제자에게 할 일을 인계하고 능력을 전수하는, 기능적인 전수를 생각하지만, 엘리사가 엘리야에게서 진짜로 전수받은 것은 이 '사랑의 정신'이다.

'내가 너에게 뭘 해주랴?'

이 땅에서의 삶의 마지막 순간에 제자에게 던진 스승의 이 말과 그 안에 담긴 사랑의 정신이 계속 전수되어 흐르는 것이다.

논리가 아닌 사랑이 흘러야 한다

기독교는 사실 납득이 안 되는 종교다. 논리로는 하나도 안 맞는다. 세상에 양을 위해 죽는 목자를 봤는가? 오히려 그 반대로 목자가 잡아먹으려고 키우는 게 양 아닌가? 그런데 기독교는 이런 상식적인 논리를 뒤집는다.

> 나는 선한 목자라 선한 목자는 양들을 위하여 목숨을 버리거니와
>
> 요 10:11

이런 말도 안 되는 주님의 명제를 직접 살아내신 증거가 '십자가'다. 그래서 기독교는 십자가의 종교인 것이다.

그런데 우리에게 십자가가 너무 멀리 있는 것 아닌가? 논리적으로 안 맞고 납득이 안 되는 종교가 기독교인데, 우리의 삶에선 계속 논리가 앞서고 있지 않은가?

나는 우리가 정말 행복했으면 좋겠다. 행복하되 수넴 여인처럼 행복했으면 좋겠다. 어떤 상황이 와도, 어떤 절망적인 상황이 펼쳐져도 누릴 수 있는 행복 말이다. 그러려면 논리가 아닌 사랑이 앞서야 한다.

하나님께서는 어떤 절망적인 상황이라 해도 우리의 손을 붙잡고 계시고, 하나님의 사람을 보내주시며, 그 위기를 극복하게 해주시는 능력의 하나님이시다. 본문이 보여주는 것이 바로 이것이다. 그 하나님을 믿는 믿음이 지금 이 순간에도 이런저런 슬픔과 고통으로 몸과 마음을 가누기 힘든 분들에게 작동되기를, 그래서 놀라운 역사가 일

어나게 되기를 정말 간절히 바란다.

우리가 기도할 때 하나님이 우리 마음을 만져주시기를, 그리고 수넴 여인이 엘리사를 통해 역사를 경험했듯이 하나님이 만나게 하신 믿음의 식구들 안에서 하나님의 역사를 경험하게 되기를 바란다.

그럴 때 수넴 여인처럼 어떤 상황에서도 참으로 행복할 수 있으며, 그 깊은 사랑의 정신이 전수되고 전수되어 참 행복이 가득 퍼져가리라 믿는다.

38 엘리사가 다시 길갈에 이르니 그 땅에 흉년이 들었는데 선지자의 제자들이 엘리사의 앞에 앉은지라 엘리사가 자기 사환에게 이르되 큰 솥을 걸고 선지자의 제자들을 위하여 국을 끓이라 하매 39 한 사람이 채소를 캐러 들에 나가 들포도덩굴을 만나 그것에서 들호박을 따서 옷자락에 채워가지고 돌아와 썰어 국 끓이는 솥에 넣되 그들은 무엇인지 알지 못한지라 40 이에 퍼다가 무리에게 주어 먹게 하였더니 무리가 국을 먹다가 그들이 외쳐 이르되 하나님의 사람이여 솥에 죽음의 독이 있나이다 하고 능히 먹지 못하는지라 41 엘리사가 이르되 그러면 가루를 가져오라 하여 솥에 던지고 이르되 퍼다가 무리에게 주어 먹게 하라 하매 이에 솥 가운데 독이 없어지니라 42 한 사람이 바알 살리사에서부터 와서 처음 만든 떡 곧 보리떡 이십 개와 또 자루에 담은 채소를 하나님의 사람에게 드린지라 그가 이르되 무리에게 주어 먹게 하라 43 그 사환이 이르되 내가 어찌 이것을 백 명에게 주겠나이까 하나 엘리사는 또 이르되 무리에게 주어 먹게 하라 여호와의 말씀이 그들이 먹고 남으리라 하셨느니라 44 그가 그들 앞에 주었더니 여호와께서 말씀하신 대로 먹고 남았더라

Chapter 7

죽음의 독이
있나이다

이 장에서 다룰 본문 말씀은 엘리사 선지자가 지도하고 있는 선지자 학교에서 일어난 사건을 배경으로 하고 있는데, 불행하게도 그 땅에 흉년이 들었다.

흉년으로 먹을 것이 궁하다 보니 엘리사 선지자의 제자들이 먹을 것을 구하려고 들로 나가서 먹을 수 있는 것처럼 보이는 것은 다 가지고 와서 큰 솥에 넣고 끓여 먹는 형편이었다.

우리나라도 과거 보릿고개로 상징되는 가슴 아픈 굶주림의 시절이 있지 않았던가? 그 시절엔 풀뿌리든 나무껍질이든 먹을 수만 있다면 뭐든 구해다 끓여 먹었다.

요즘 청소년들은 '꿀꿀이죽'을 모를 것이다. 꿀꿀이죽은 먹을 게 없던 시절에 먹다 남은 음식을 다 모아 그걸 섞어서 끓여 먹는 것이다. 남은 음식을 그냥 섞어서 먹을 수는 없으니 팍팍 끓여서 거의 들이마시듯 먹었다.

아마 꿀꿀이죽은 몰라도 부대찌개는 잘 알 것이다. '부대찌개'의 출발도 꿀꿀이죽과 비슷하다. 해방 직후, 가난에 찌들어 못 먹고 못 살던 시대다 보니, 미군 부대에서 먹다 남은 찌꺼기나 군대 보급품에서 몰래 빼낸 음식을 다 모아 섞어서 끓여 먹었는데, 그게 부대찌개의 시작이었다.

그래서 청소년들이나 청년들은 '부대찌개' 하면 군침이 돌겠지만, 전쟁과 가난을 겪은 어른들은 너무 못 먹고 못 살던 가슴 아픈 시절이 떠오를 것이다.

죽음의 독이 된 음식
본문이 딱 이런 상황이다.

한 사람이 채소를 캐러 들에 나가 들포도덩굴을 만나 그것에서 들호박을 따서 옷자락에 채워가지고 돌아와 썰어 국 끓이는 솥에 넣되 그들은 무엇인지 알지 못한지라 이에 퍼다가 무리에게 주어 먹게 하였더니…

왕하 4:39,40

우리나라에서 옛날 50~60년대에 먹을 것이 없어서 온갖 것을 가져와 꿀꿀이죽을 만들어 먹던 것처럼, 엘리사의 제자들도 들에 나가 아무거나 다 가져다가 넣어서 끓여 먹은 것이다. 그런데 부작용이 생겼다. 어떤 문제가 생겼는가?

… 무리가 국을 먹다가 그들이 외쳐 이르되 하나님의 사람이여 '**솥에 죽음의 독이 있나이다**' 하고 능히 먹지 못하는지라 왕하 4:40

워낙 먹을 것이 없는 상황이다 보니 이것저것 따지지 않고 먹을 수 있는 것처럼 보이는 것은 다 집어넣고 끓이다가 큰 문제를 만났다. 분명히 먹을 수 있을 것 같아서 솥에 넣어 끓였는데, 그게 사람이 먹으면 죽을 수도 있는 독성을 가진 음식이었던 것이다. 그래서 "솥에 죽음의 독이 있나이다"라고 외친 것이다.

죽음의 독이 가득한 시대

나는 이런 내용을 다루는 본문 말씀을 묵상하면서 두려운 마음이 들었다. 오늘 우리 시대가 딱 이런 상황이지 않을까 하는 생각이 들었기 때문이다. 사람을 죽게 만드는 독이 도처에서 우리를 위협하는 시대가 바로 오늘 우리가 사는 이 시대 아닌가?

분명히 먹을 수 있을 것 같았는데 죽음의 독이 있어서 먹지 못하는 음식이 된 것처럼, 이 시대에도 보기엔 멀쩡하지만 사람을 죽게 하는 독이 사방에 가득하여 우리와 우리 자녀들을 위협하고 있다.

뉴스를 보면 믿기 어려운 범죄가 청년들 심지어 청소년들 사이에서 일어나고 있다. 청소년들 사이에 마약 거래가 일어나고 있고, 그걸 빌미로 부모를 협박하여 돈을 뜯어내는 사례까지 있다는 뉴스를 본 적이 있다. 예전에 해외토픽 같은 데서나 보고 들을 수 있었던 끔찍한 범죄 기사가 우리나라 청소년들 사이에서 일어나고 있는 현실에 두려움을 느낀다.

물론 아직은 만연한 범죄라고 말하기 어렵겠지만, 이런 일이 어딘가에서는 벌어지기 시작한 현실이라면, 이는 '먹으면 죽는 독'을 솥에다 끓여서 먹는 것과 같은 상황 아닌가? 독과 같은 유해한 것이 너무 많아서 자녀를 교육하기가 너무 힘든 시대다.

또한 지금 이 시대엔 마약이나 술, 담배같이 육신을 파괴하는 '독이 든 음식'도 많지만, 진짜 무서운 건 우리 영혼을 파괴하는 '독이 든 음식'이 너무나 그럴듯한 모양으로 사방에 가득하다는 것이다. 먹으면 죽는 잘못된 가치관과 잘못된 세계관을 너무도 그럴듯하게 포장하여 사탄이 끊임없이 우리 자녀들에게 먹이고 있는 현실이다.

잘못된 세계관이라는 독

스티브 윌킨스의 《은밀한 세계관》이라는 책이 있다. 이 책의 부제는 '우리를 조종하는 8가지 이야기'인데, 책의 목차를 보면 우리를 조종하며 위협하는 여덟 가지가 무엇인지, 그 핵심적인 특징과 함께 잘 정리해 놓았다. 이 책이 꼽은 첫 번째 잘못된 세계관은 '개인주의'인데, '개인주의'의 특징을 한마디로 너무 잘 표현했다.

"나는 우주의 중심이다."

현대인들이 자기 자아를 너무 높은 곳에다 두고 사는 것 때문에 많은 부작용이 생기고 있다는 전문가의 글을 읽은 적이 있는데, '나는 우주의 중심'이라는 세계관에서부터 이런 부작용이 생겨나는 것이다.

우리를 위협하는 두 번째 잘못된 세계관으로는 '소비주의'를 꼽으면서, '소비주의'에 관해서도 너무나 명쾌하게 잘 설명했다.

"나의 소유물이 곧 나다."

내가 입는 옷이 나고, 내가 타는 차가 나고, 내가 착용하는 액세서리가 곧 나라는 가치관이다. 이런 잘못된 가치관을 주입하는 현실이다 보니 현실적으로 많은 사람의 내면이 병들어가고 있다.

이 책에서 말하는 우리를 위협하는 세 번째 잘못된 세계관은 '과학적 자연주의'다. 과학적 자연주의의 특징에 대해선 "오직 물질만이 중요하다"라고 정의했다.

이 책은 이런 식으로 이 시대의 잘못된 여덟 가지 가치관을 나열하면서 그 특징을 정리해 놓았는데, 그중에 특히 내 눈길을 끄는 게 하나 있었다. 그것은 '뉴에이지'다. 뉴에이지에 대해선 이렇게 설명해 놓았다.

"우리도 신이 될 수 있다."

오늘날 포스트모더니즘 시대가 얼마나 위험한지를 이보다 더 잘 표현한 게 없다.

세상은 이런 잘못된 가치관을 주입시켜서 영적으로 '독이 든 음식'을 먹이려고 하는 것이다. 이런 시대다 보니 예수님을 잘 믿기가 정말 어렵다. 이 책의 1장 제목이 "커피 안에 녹아 있는 세계관"인데, 그만큼 이런 위험한 가치관이 자연스럽게 우리와 우리 자녀들 안에 녹아 있다는 것이다. 지금 우리는 이처럼 위험하고 불안한 세상에 발을 담근 채 살아가고 있다.

이런 혼미한 시대를 살아가는 우리다 보니 영적으로 더욱 민감해져야 한다. 쉽게 흔들리고 쉽게 유혹에 넘어가면 안 된다. 영적으로 민감하게 분별하고 잘 무장하여 겉보기로는 쉽게 판단하기 어려운 '독이 든 음식'을 주입하려는 세상과 맞서 싸워야 한다. 세상과 맞서 싸우며 "죽음의 독이 있나이다"라고 외쳐야 한다.

이런 시대에 '독이 든 음식'을 먹이려는 세상의 유혹에 쉽게 무너지지 않을 뿐 아니라 계속적으로 건강한 신앙생활을 유지해 나가기 위해 우리가 기억하고 실천해야 할 두 가지 대안을 제시하고 싶다.

대안 1. 공동체 살리기

죽음의 독이 가득한 이 시대에 우리가 취해야 할 첫 번째 대안은

'공동체 살리기'다.

엘리사가 행한 사역을 보면 상당히 공동체적이라는 특징이 있다. 앞에서 다급한 상황에 엘리사 선지자에게 찾아와 절규했던 여인의 죽은 남편도 엘리사와 함께 공동체를 이루던 엘리사의 제자였고, 본문의 사건도 선지자 학교에서 일어난 일이다. 그러니까 우리로 치면 신학교에서 공부하고 있던 신학생들이 함께 먹는 음식과 관련해서 사고가 일어났고, 그 일로 위기에 빠진 그들을 위해 엘리사 선지자가 기적을 베풀어준 사건인 것이다.

> 엘리사가 이르되 그러면 가루를 가져오라 하여 솥에 던지고 이르되 퍼다가 무리에게 주어 먹게 하라 하매 이에 솥 가운데 독이 없어지니라
>
> 왕하 4:41

그런가 하면, 바로 다음에 나오는 사건 역시 음식과 관련된 것인데, 어떤 사람이 처음 추수한 빵 스무 개와 자루에 담은 채소를 엘리사에게 선물했다. 그러자 엘리사는 그것을 같이 있는 사람들에게 나누어 먹게 했다.

문제는 공동체 식구가 백여 명 되는데, 나눠줄 음식이 너무 적었다는 것이다. 이때 역시 엘리사가 하나님께서 베풀어주시는 기적에 힘입어 그 구성원들을 풍족히 먹게 했다.

그 사환이 이르되 내가 어찌 이것을 백 명에게 주겠나이까 하나 엘리사는 또 이르되 '**무리에게 주어 먹게 하라**' 여호와의 말씀이 그들이 먹고 남으리라 하셨느니라 왕하 4:43

이처럼 엘리사가 공동체와 그 구성원을 섬기는 사역을 펼쳐가는 모습이 도전되었다. 특히 기근으로 먹을 것이 없어 고통받던 그들을 위해 "무리에게 주어 먹게 하라"라고 선포하는 대목에서 가슴이 뛰었다. 왜냐하면 위기를 만난 이 시대에 교회가 해야 할 선포가 바로 이런 것이라 생각했기 때문이다.

한편으로는 영적으로 독이 든 음식이 난무하는 현실에서 그것을 깨끗하게 정화하고 치료하여 공동체적으로 안심하고 먹을 수 있게 하고, 또 다른 한편으로는 건강한 음식을 만들어 "무리에게 주어 먹게 하라 여호와의 말씀이 그들이 먹고 남으리라 하셨느니라"라고 하는 풍요로운 선포를 할 수 있는 능력을 구해야 한다. 그래야 교회 공동체가 건강해진다.

공동체가 치유되면 그 안에서 독이 사라지고, 말씀으로 풍성히 먹고 마시는 개개인의 치유가 일어난다. 우리가 함께 모여 공동체적으로 예배를 드리는 이유가 여기에 있다. 개별적이고 개인적인 은혜도 필요하지만, 공동체적으로 기적을 베풀어주시는 하나님의 은혜를 함께 누릴 수 있어야 한다.

우리 이 꿈을 꾸자. 함께 치유되고 함께 회복되는 아름다운 공동체의 회복을 위해 기도하자.

'영적으로 독이 든 음식 먹기를 강요하는 세상을 살아가는 우리 아이들, 그 영혼의 해독 작용이 교회 공동체 안에서 일어나기를 원합니다. 그래서 다음세대 우리 자녀들이 교회 안에서 건강한 영적 양식을 풍성히 먹을 수 있도록 인도해주세요.'

그렇게 꿈꾸는 한 사람 한 사람이 모여서 치유되고 회복된 공동체를 이루어가길 기도하자. 그래서 그곳에서 독이 든 음식 대신 하나님의 말씀을 배불리 먹이는 충만한 역사가 일어나길 기도하자. 이것이 첫 번째 대안인 '공동체 살리기'다.

대안 2. 은혜받은 자로서 책임감 느끼기

이 어려운 시대를 살기 위한 두 번째 대안은, 은혜받은 자로서의 책임감을 느끼는 것이다.

이 책에서 계속 '갑절의 능력'이라는 주제를 중요한 포인트로 두고 살펴보고 있는데, 여러 번 살펴보았듯이 스승인 엘리야가 세상을 떠나기 전 마지막으로 '내가 무엇을 해주랴?'라고 묻자 엘리사는 이렇게 요청했다.

당신의 성령이 하시는 역사가 갑절이나 내게 있게 하소서 왕하 2:9

지금 엘리사는 탐심에 가득 차서 스승이 이룬 성과의 갑절을 달라고 하는 게 아니다. '나의 스승 옥한흠 목사님이 성도 2만 명을 모았으면, 나는 4만 명을 모아야 될 것 아닌가! 갑절의 능력을 주세요'라는 게 아니다.

히브리어로 '갑절'은 '두 몫'을 의미한다. 즉 '갑절을 주소서'는 '두 몫을 주소서'라는 뜻이다. 이는 구약의 장자의 권한과 연관된 표현이다.

신명기 21장 17절에 보면 '장자에게는 두 몫을 줘야 한다'라는 지침이 있다. 즉, 엘리사가 구하는 '갑절의 능력'이 뭔가 하면, 자기 스승의 사역을 공식적으로 계승 받기를 원한다는 뜻이다.

'스승님, 당신이 얼마나 신실한 하나님의 종이었는지 제가 너무 잘 압니다. 당신의 그 놀라운 정신과 능력과 영감을 그대로 저에게 전수해주시길 원합니다. 제가 스승님의 후계자가 되길 원합니다.'

또한 '두 몫'은 장자의 권한과 관련이 있는 만큼, 두 몫을 달라는 엘리사의 요구 속에는 장자의 책임을 다하겠다는 자기 선언도 담겨 있다고 해석할 수 있다.

구약학을 전공하신 총신대 김정우 교수님이 이것과 관련하여 쓴 글이 내 마음에 와닿았다.

"장자는 권한과 책임이 있습니다. 권한은 다른 형제보다 재산을 두 배로 받는 것입니다. 책임은 받은 재산으로 형제들을 돌보는 부모의 역할을 하는 것입니다. 엘리야를 따르는 사람들이 많았고 그들은 돌봄이 필요했습니다. 엘리사는 그것을 하겠다고 스승에게 이야기했고 스승은 마음껏 그를 축복했습니다."

장자권은 아버지의 재산을 더 많이 받아 내는 것에 초점이 있지 않다. 장자에게는 다른 형제들보다 두 몫을 받는다는 특권도 있지만, 권한만 있는 것이 아니라 책임도 함께 있었다.

나는 이 글을 읽으면서 누가복음 12장 48절이 생각났다.

> … 많이 받은 사람에게는 많은 것을 요구하고, 많이 맡긴 사람에게는 많은 것을 요구한다. 눅 12:48, 새번역

이 사실을 잊어서는 안 된다. 엘리사가 구했던 갑절의 영감 안에는 많이 받은 사람이 져야 하는 책임감도 내포되어 있다는 사실을 기억해야 한다.

나는 젊은 목회자들이 새벽에 일어나 하나님과 독대하는 자리로 나아가기 원한다. 그 시간에 갑절의 은혜를 누리기 원한다. 그런데 그 새벽의 은혜가 '은혜받아 누렸다'라는 자기만족으로 끝나는 것이 아니라, 그 새벽에 받은 은혜의 물줄기가 그날 하루 성도들을 섬기는 원동력이 되고 재료가 되길 원한다. 그것이 은혜받은 자로서 누리는 특권이자 책임인 줄 믿는다.

건강한 교회를 통한 회복을 꿈꾸자

이 두 가지를 기억하자.

먼저는, 영적으로 독이 든 음식을 먹이려고 혈안이 된 이 시대에 대항할 수 있는 교회 공동체를 세워야 한다. 건강한 교회를 통해 건강한 치유와 회복이 일어날 수 있도록 기도해야 한다.

그런가 하면, 엘리사 선지자처럼 갑절의 영감을 구하고 누린 사람들에게 주어지는 책임감을 회피하지 않는 지도자들이 많이 배출되도록 기도해야 한다.

예전에 각종 헌신예배 때마다 교회 중직자들이 단골로 부르던 찬양이 〈부름받아 나선 이 몸〉이란 찬송가였는데, 이 찬양의 3절 가사는 이렇다. "존귀 영광 모든 권세 주님 홀로 받으소서. 멸시 천대 십자가는 제가 지고 가오리다."

그리고 이어서 나오는 가사가 "이름 없이 빛도 없이 감사하며 섬기리다. 이름 없이 빛도 없이 감사하며 섬기리다"이다. 지금도 나는 이렇게 반복되는 가사의 찬양을 부르며 눈물을 훔치던 어른들의 모습이 종종 떠오른다.

지금 와서 생각해보면 이 찬송가는 교회와 가정의 회복을 위해 '갑절의 영감'을 구하던 옛 어른들의 주제가와 같은 찬양이었다. 이 역시 은혜받은 자로서의 책임감을 가졌던 믿음의 선배인 어른들의 결의였던 것이다.

개인이 은혜받고 각성하는 것도 필요하지만, 교회 공동체적으로 임하는 특별한 은혜를 누려야 한다. 그리고 그 일이 계속되도록 갑절의 영감의 은혜를 누린 자들이 깊은 책임감을 느끼며 교회를 세워 나가야 한다. 이런 교회들이 많이 일어나도록 함께 기도하자.

Let me inherit a double portion of your spirit

PART

03

믿음의 능력으로
살라

▶ 열왕기하 5:1-8

1 아람 왕의 군대 장관 나아만은 그의 주인 앞에서 크고 존귀한 자니 이는 여호와께서 전에 그에게 아람을 구원하게 하셨음이라 그는 큰 용사이나 나병환자더라 **2** 전에 아람 사람이 떼를 지어 나가서 이스라엘 땅에서 어린 소녀 하나를 사로잡으매 그가 나아만의 아내에게 수종 들더니 **3** 그의 여주인에게 이르되 우리 주인이 사마리아에 계신 선지자 앞에 계셨으면 좋겠나이다 그가 그 나병을 고치리이다 하는지라 **4** 나아만이 들어가서 그의 주인께 아뢰어 이르되 이스라엘 땅에서 온 소녀의 말이 이러이러하더이다 하니 …

7 이스라엘 왕이 그 글을 읽고 자기 옷을 찢으며 이르되 내가 사람을 죽이고 살리는 하나님이냐 그가 어찌하여 사람을 내게로 보내 그의 나병을 고치라 하느냐 너희는 깊이 생각하고 저 왕이 틈을 타서 나와 더불어 시비하려 함인줄 알라 하니라 **8** 하나님의 사람 엘리사가 이스라엘 왕이 자기의 옷을 찢었다 함을 듣고 왕에게 보내 이르되 왕이 어찌하여 옷을 찢었나이까 그 사람을 내게로 오게 하소서 그가 이스라엘 중에 선지자가 있는 줄을 알리이다 하니라

Chapter 8

단순한 믿음에서
나오는 능력

본문은 나병환자였던 나아만 장군이 등장하는 유명한 사건을 다루고 있다.

아람 왕의 군대 장관 나아만은 그의 주인 앞에서 크고 존귀한 자니 이는 여호와께서 전에 그에게 아람을 구원하게 하셨음이라 그는 큰 용사이나 … 왕하 5:1

나아만 장군은 왕이 신임하는 군대 장관이었고, 나라를 구한 인물이었기에 모든 백성이 그를 존경했다. 인간으로 태어나 이 정도 사회적 지위와 인정받는 삶이면 모두가 부러워할 만한 성공한 사람이라

할 수 있겠다. 이처럼 겉으로 보기엔 남부러운 것 없는 멋진 인생을 살아가는 나아만 장군이었지만, 불행하게도 그에게는 꼬리표 하나가 붙어 있었다.

… 그는 큰 용사이나 '**나병환자더라**' 왕하 5:1

우리말 성경에는 명확하게 나와 있지 않지만, 원어로 보면 이 부분에 '그러나'라는 접속사가 있다. 그렇기 때문에 원어에 가깝게 해석해서 읽으려면, "그는 큰 용사였지만, 그러나 그는 나병환자더라"라고 해야 한다. 한마디로 말하면 나아만 장군은 겉보기엔 멋지고 화려한 삶을 살았지만, 그러나 그 내면에는 남모를 고민이 있어 괴로워하던 인생이었다.

이런 관점으로 보면, 나아만 장군은 성경에 나오는 수많은 인물 중에서 우리 현대인의 모습을 가장 많이 닮은 인물인 것 같다. 어떤 점에서 닮았는가? 화려한 갑옷과 투구 속에 감추어져 있는 깊은 고민으로 괴로워하는 사람, 이것이 딱 오늘 우리 현대인의 모습 아닌가? 그러니까 화려한 겉모습 이면에 감추어져 있는 '그러나'라는 꼬리표를 달고 있다는 점이 닮았다.

우리 모두에게는 예외 없이 '그러나'가 있다. '그러나'의 꼬리표가 좀 진하고 선명하게 달려 있는지, 아니면 좀 옅은 글씨로 흐릿하게 달려 있는지의 차이가 있을 뿐이다.

간혹 큰 인기를 누리던 연예인이나 유명인이 자살했다는 기사를 보면 나는 항상 나아만이 생각난다. 저 화려한 갑옷과 투구 너머로 우리가 모르는 괴롭고 고뇌하는 무언가가 있었다는 생각이 들면서, 연민의 마음이 생기곤 한다.

당신은 어떤가? 단언컨대, "내 인생은 '그러나'의 꼬리표 없이 시종일관 너무 행복하고 잘나가고 있어요"라고 자신할 수 있는 사람은 아무도 없다.

희망을 전한 사람

나아만 장군은 그렇게 '그러나'의 꼬리표를 달고서 남몰래 고민하던 사람이었는데, 우리가 이제부터 살펴보고자 하는 또 한 사람은 이런 나아만 장군에게 희망을 전해준 인물이다. 그가 누구인가?

> 전에 아람 사람이 떼를 지어 나가서 이스라엘 땅에서 어린 소녀 하나를 사로잡으매 그가 나아만의 아내에게 수종 들더니 왕하 5:2

어떤 상황인지 알겠는가? 여기 나오는 어린 소녀는 그야말로 존재감이라고는 없는 인생이다. 오죽했으면 이름도 나와 있지 않고 그냥 '어린 소녀'다.

존재감 없는 한 어린 소녀, 이 소녀는 지금 포로로 끌려와 종살이

하고 있다. 그야말로 어긋나버린 인생이다.

어느 글에서 "전에 아람 사람이 떼를 지어 나가서 이스라엘 땅에서 어린 소녀 하나를 사로잡으매"라는 부분을 이렇게 풀이한 것을 봤다. '떼를 지어서 아이를 잡아갔다'는 표현을 보면, 이건 전쟁 중에 일어난 사건이 아니라 어느 날 갑자기 급습해서 약탈했다는 것이다. 그 시절엔 이런 일이 종종 있었을 것이다.

소녀 입장에서는 갑자기 무서운 사람들이 떼로 몰려와서 자기 가정을 쑥대밭으로 만들고 자기는 잡아다가 노예로 삼아 부려 먹는데, 그렇게 일하게 된 집이 나아만 장군의 집이었다. 그러니까 소녀에게 나아만 장군은 자기 인생을 망가뜨린 무리의 괴수이자 원수 중의 원수였던 것이다.

이름 없는 소녀의 괴로움이 짐작이나 가는가? 지금 소녀는 원수의 아내의 시중을 들고 있는, 참 초라하고 서글픈 인생을 살고 있었다. 그런데 이 소녀가 그 원수의 두목이라 할 수 있는 나아만 장군에게 상상하기 어려운 긍휼을 베푼다.

그의 여주인에게 이르되 우리 주인이 사마리아에 계신 선지자 앞에 계셨으면 좋겠나이다 그가 그 나병을 고치리이다 하는지라 왕하 5:3

어린 소녀의 이 한마디로 인해 나아만 장군이 새로운 인생을 살게 되는 것 아닌가? 우리 같으면 내 인생을 짓밟은 원수인데, 아프든지 말든지 신경 안 쓸 것 같은데 그 소녀는 그러지 않았다.

예전에 이런 글 하나를 읽은 적이 있다.

"용서란 군홧발에 짓밟힌 국화꽃이 그 군인에게 보내는 향기다."

이름 없는 소녀를 보며 이 문장이 떠올랐다. 나아만 장군은 소녀의 인생을 군홧발로 밟아버렸는데, 이 소녀는 자기 인생을 밟아버린 나아만 장군에게 향기를 전해주고 있다. 나아만 장군의 남모르는 고통을 해결할 수 있는 비결을 알려준 것이다.

어떻게 이런 일이 가능했을까? 나아만 장군으로 인해 받았던 소녀의 내면의 상처가 치유되었기 때문에, 나아만 장군을 용서했기에 가능해진 일이다.

이것이 참 감동적이면서 동시에 이 소녀는 인생의 지혜를 알고 있는 사람이라는 생각이 들었다.

용서는 상대방을 위한 게 아니다. 내 행복을 위한 것이다. 용서하지 않으면 절대로 내가 행복할 수 없기에, 그래서 해야 하는 게 용서다. 다만 예수 믿는 우리는 그렇게 억지로 하지 말고 그리스도의 사랑으로 선행적으로 용서하자는 차이가 있을 뿐, 예수를 믿거나 믿지 않거나 자신의 행복을 유지하려면 반드시 해야 하는 게 용서다.

내비게이션 소녀

나는 이 어린 소녀가 보여준 아름다운 모습을 보고 나서 이 소녀에게 별명을 하나 붙여주었다. 바로 '내비게이션 소녀'다. 내가 왜 본문의 소녀를 보며 내비게이션을 떠올렸는지 아는가?

나는 요즘 운전할 때마다 내비게이션에 은혜를 받는다. 나이가 들어서인지 요즘은 운전할 때 전에 없던 실수를 종종 한다. 여기서 빠져나가야 하는데 멈칫멈칫하다가 지나쳐버리곤 한다. 그럴 때 상냥한 내비게이션 안내양은 나에게 화를 낸 적이 없다. "목사님 나이 드셨나봐요"라며 분석도 안 한다. 조언도 하지도 않는다.

이 길로 가야 하는데 저 길로 들어갔을 때, 내비게이션이 하는 일은 오직 하나, 잘못 간 그 엉뚱한 길에서 어떻게 하면 가장 빠른 길로 목적지에 갈 수 있는지 찾는 것이다.

소녀의 인생은 우회전을 했어야 하는 인생이다. 그런데 나아만 장군을 필두로 한 아람 군대가 몰려와서 소녀의 인생을 좌회전으로 몰아버렸다. 그래서 소녀의 삶은 망가져버렸다.

부모님의 사랑을 받으며 가정에 있어야 하는 그 어린 소녀가 불행하게도 원수의 나라, 그것도 자기 인생을 짓밟은 무리의 두목의 집에서 종살이를 하고 있는 것이다.

경로를 이탈한 이 무명의 소녀가 보여주고 있는 모습이 꼭 내비게이션 같지 않은가? 약탈하는 자들을 안 만났으면 좋았겠고, 그것 때문에 적국에 끌려오지 않았으면 좋았겠지만, 이미 끌려왔는데 어떡하겠는가. 그때 이 소녀는 '이번 생은 망했다'라고 반응하지 않았다. 잘못된 그 경로에서 절망하며 자기 인생을 파괴하기보다는, 잘못 들어와버린 그 현실에서 가장 현명한 길을 찾아 나아갔다. 그래서 내가 이 소녀에게 '내비게이션 소녀'라는 별명을 붙여본 것이다.

신뢰를 얻는 삶

여기서 한 가지 더 살펴볼 것이 있다.

그 소녀가 "우리 주인이 사마리아에 계신 선지자 앞에 계셨으면 좋겠나이다 그가 그 나병을 고치리이다"(왕하 5:3)라고 말하자, 그 말을 듣고 나아만이 왕을 찾아갔다.

> 나아만이 들어가서 그의 주인께 아뢰어 이르되 이스라엘 땅에서 온 소녀의 말이 이러이러하더이다 하니 왕하 5:4

아마 3절과 4절 사이에는 많은 일이 생략되어 있을 것이다. 소녀가 자기 여주인인 나아만 장군의 부인에게 나병을 고칠 수 있는 선지자에 대한 얘기를 했다. 그 이야기를 나아만 장군의 부인이 귀담아 듣고는 남편에게 전해주었을 것이고, 그 이야기의 진위를 놓고 부부가 긴 대화를 나누었을 것이다.

'저 어린아이의 말을 믿을 수 있겠소? 그 말을 어떻게 믿고 우리가 일을 추진할 수 있겠소?'

'여보, 내가 저 아이를 데리고 일한 지가 벌써 얼마입니까? 저 아이는 어려도 허튼 말 하는 아이가 아닙니다. 저 아이의 말은 믿을 수 있습니다. 속는 셈 치고 한번 해보자고요.'

이런 대화가 오가지 않았을까? 그리고 결국 나아만 장군은 소녀의 말을 믿고 왕을 찾아가서 아주 진지하게 이 문제에 대해 의논한다.

"나아만이 들어가서 그의 주인께 아뢰어 이르되⋯."

평소에 그 아이가 주인 부부에게 절대적인 신뢰를 얻지 못했다면 나아만 장군은 절대 움직이지 않았을 것이다. 이런 면에서 우리가 이 어린 소녀에게 얻어야 하는 교훈이 있다. 평소 우리의 삶이 신뢰를 얻는 삶이어야 한다는 것이다.

예수 믿는 사람은 복음을 전해야 하는데, 그 복음은 세상 사람들이 가진 상식으로는 결코 믿을 수 없는 내용을 담고 있다. 전해야 하는 내용이 믿기 어려운 내용일수록 그 말을 전하는 사람은 더욱 신뢰를 얻어야 한다. 우리는 정직해야 한다. 정직한 삶을 살아야 복음을 전할 수 있다.

이런 점에서 보면 어린 나이에 애굽으로 팔려간 요셉과 본문에 나오는 어린 소녀는 닮은 부분이 많다. 타의에 의해 남의 나라로 끌려간 것도 공통점이고, 또 그렇게 끌려간 타국에서 주인의 신뢰를 얻었다는 것도 공통점이다.

> 요셉이 그의 주인에게 은혜를 입어 섬기매 그가 요셉을 가정 총무로 삼고 자기의 소유를 다 그의 손에 위탁하니 창 39:4

본문의 이름 없는 소녀와 어린 요셉이 얻었던 신뢰를 우리도 얻어야 한다.

정직해지는 것, 그래서 신뢰를 얻는 것이 예수 믿는 우리 삶의 목표가 되어야 한다. 목사로서 강단에서 설교한 대로 살려고 애쓰고, 예수님을 믿는 크리스천으로서 들은 말씀대로 정직하게 살려고 애쓰는 것이 우리의 모습이 되어야 한다. 나는 본문 말씀에 나오는 무명의 소녀에게서 이 귀한 교훈을 얻었다.

소녀는 이 신뢰를 얻었기에 나아만 장군의 인생을 바꾸는 역할을 할 수 있었다. 우리도 사람을 살리는 인생이 되기 위해서는 이 어린 소녀에게 배워야 한다. 어떻게 하면 우리도 생명을 살리는 사람이 될 수 있을까? 이런 차원에서 본문의 소녀에게서 나타나는 특징을 두 가지로 정리해보았다.

단순한 믿음

첫째로, 이 소녀는 '단순한 믿음'을 가졌다.

복잡하지 않은 단순한 믿음, 나는 이걸 강조하고 싶다. 본문 3절을 다시 보자.

> 그의 여주인에게 이르되 우리 주인이 사마리아에 계신 선지자 앞에 계셨으면 좋겠나이다 그가 그 나병을 고치리이다 하는지라 왕하 5:3

굉장히 단순하지 않은가? 그런데 이 내용은 그렇게 단순한 내용이 아니다. 소녀 입장에서는 지금 목숨을 걸고 하는 이야기다. 만에 하나 나아만 장군이 이 이야기를 듣고 갔다가 헛고생만 하고 아무 일도 일어나지 않은 상태로 돌아오면 목숨이 위태롭지 않겠는가? 그런데도 소녀는 심각한 사안을 아주 단순하게 이야기한다.

'우리 주인이 사마리아에 계신 선지자를 만났으면 좋겠습니다. 그 선지자가 우리 주인의 나병을 고쳐줄 것입니다.'

진리는 진짜 간단하다. 이 어린 소녀처럼 우리도 평소에 정직하게 살고, 허튼 말 안 하고, 신뢰를 얻는 삶을 살면서 누구에게 권면할 때는 간단하게 있는 사실 그대로 권면하면 된다.

오히려 사기 치는 사람이 말이 많다. 속여야 하니까 이말 저말 붙이는 것이다.

예수님을 전할 때도 복잡하게 전할 필요 없다. 내가 경험한 것, 내가 만난 예수님을 전하면 된다.

"하나님이 살아 계세요. 예수 믿고 내 삶이 달라졌습니다."

단순한 믿음이 없으면 인생이 복잡해진다

이 어린 소녀는 이런 단순한 믿음을 가지고 있었는데, 이에 반해 이스라엘의 왕은 그렇지 않았다.

나아만 장군이 이스라엘에 가서 그 선지자를 만나기로 결정하고,

아람 왕을 통해 이스라엘에 그 사실을 알렸다.

> 이스라엘 왕에게 그 글을 전하니 일렀으되 내가 내 신하 나아만을 당신에게 보내오니 이 글이 당신에게 이르거든 당신은 그의 나병을 고쳐 주소서 하였더라 왕하 5:6

그러자 이스라엘 왕이 어떤 반응을 보이는가?

> 이스라엘 왕이 그 글을 읽고 자기 옷을 찢으며 이르되 내가 사람을 죽이고 살리는 하나님이냐 그가 어찌하여 사람을 내게로 보내 그의 나병을 고치라 하느냐 너희는 깊이 생각하고 저 왕이 틈을 타서 나와 더불어 시비하려 함인 줄 알라 하니라 왕하 5:7

엄청 호들갑이다. 아마 이스라엘 왕은 이것저것 생각하느라 머리가 터질 지경이었을 것이다. 왜냐하면 그에게는 어린 소녀가 가진 단순한 믿음이 없었기 때문이다.

단순한 믿음이 없다 보니 생각하는 것이 너무 복잡하다. 여러 가지 경우의 수를 계산하느라 머리가 터질 것 같다. 그 틈새로 두려움이 찾아오는 것이다. 나아만 장군이 나병을 고침 받기 원한다는 간단하고도 단순한 아람 왕의 편지를 이처럼 두려움으로 받게 되는 것이다. 자신의 판단만을 의지하여 기도하지 않는 사람에게 찾아오는 필연적인 감정이 바로 두려움이다.

단순한 믿음이 없어서 이것저것 생각하느라 머리가 터질 듯이 복잡한 이스라엘 왕과 달리, 이 소식을 들은 하나님의 사람 엘리사 선지자는 아주 단순하게 반응한다.

> 하나님의 사람 엘리사가 이스라엘 왕이 자기의 옷을 찢었다 함을 듣고
> 왕에게 보내 이르되 왕이 어찌하여 옷을 찢었나이까 그 사람을 내게로
> 오게 하소서 그가 이스라엘 중에 선지자가 있는 줄을 알리이다 하니라
> 왕하 5:8

정말 단순하지 않은가? 복잡한 게 없다. 나아만 장군이 엘리사를 만나고자 하니 자기에게로 오게 하라는 것이다. 엘리사가 갖고 있는 단순함의 근거가 무엇인가? 만약 그 능력과 에너지가 자기에게서 나오는 것이었다면 계산이 복잡했을 것이다.

'이걸 해낼 수 있을까? 지난번에 다른 사람은 고쳤지만, 이 사람도 내가 고칠 수 있을까?'

하지만 믿음의 사람은 단순하다. 왜냐하면 그 능력의 원천이 자기 자신에게 있는 것이 아니라 하나님에게 있음을 믿기 때문이다. 하나님께 매달려 기도하고 더 의지하면 되기 때문이다.

성경에는 단순한 믿음으로 단순하게 나아갔던 믿음의 사람들이 많이 기록되어 있다.

사무엘상 17장 45절을 보면, 장대한 적군의 장수인 골리앗을 보고 왕도 부들부들 떨고 정규 훈련받은 군사들도 두려워 떨 때, 어린 다윗이 겁 없이 호통치는 장면이 나온다.

> 다윗이 블레셋 사람에게 이르되 너는 칼과 창과 단창으로 내게 나아
> 오거니와 나는 만군의 여호와의 이름 곧 네가 모욕하는 이스라엘 군대
> 의 하나님의 이름으로 네게 나아가노라 삼상 17:45

다윗은 단순하게 돌진했다. 얼마나 단순했으면, 큰 칼이나 단창 같은 무기도, 갑옷도 없었다. 평상시 자기가 입던 옷 그대로 입은 채 오직 물맷돌 다섯 개만 들고 나갔다. 하나님의 이름을 향한 단순한 믿음 때문이었다.

믿음은 복잡하지 않고 단순한 것이다. 하나님은 살아 계시며, 오늘날 우리의 예배를 받으시고, 우리의 기도를 들으신다. 그리고 답답한 마음을 가지고 주님 앞으로 나아가면 하나님은 그를 외면하지 않으신다. 이 사실을 단순하게 믿기 바란다.

베드로는 '예수님은 풍랑 중에도 일하시는 분'이라는 사실을 단순하게 믿었기에 "오라"라고 하신 예수님의 말씀에 믿음으로 반응하여

바다로 뛰어내릴 수 있었다.

우리가 잘 아는 찬양 중에 "주님 나를 부르시니 두려움 없이 배에서 나아가리라"라는 가사의 곡이 있지 않은가? 예수님은 기도하러 따로 산으로 가시고 제자들끼리 배를 타고 가다가 풍랑을 만났다. 제자들 대부분이 고기 잡는 어부 출신이었기에 자기들 힘으로 풍랑을 이겨내 보고자 했는데, 안 됐다. 밤새도록 돛을 이렇게 돌려보고 저렇게 돌려보고 올렸다 내렸다 온갖 애를 다 써봤지만 소용이 없었다.

그렇게 밤새도록 풍랑 속에서 고생하고 있을 때 주님이 나타나셨다. 바다 한가운데로 오신 주님을 보고 다른 제자들은 유령인 줄 알고 두려움에 떨었다.

그런 와중에 베드로가 유독 뭐라고 얘기했는가?

> 베드로가 대답하여 이르되 주여 만일 주님이시거든 나를 명하사 물 위로 오라 하소서 마 14:28

반응이 굉장히 단순하다. 다른 제자들은 '유령이다!'라며 두려워 떨고 있는데 베드로는 다른 복잡한 생각이 없다. 유령이면 빠져 죽을 것이고, 주님이시면 건져주실 거라는 단순한 믿음이 그에게 있었다. 베드로가 그 단순한 믿음으로 물 위로 뛰어들었을 때, 그것이 능력으로 나타난 것이다.

도전 정신

둘째로, 소녀에게는 단순한 믿음뿐만 아니라 단순한 믿음에서 기인하는 '도전 정신'이 있었다. 이것이 소녀의 두 번째 특징이다.

앞에서도 언급했지만, 나병 치료에 대해 나아만 장군에게 잘못 말했다가는 죽을 수도 있었다. 하지만 그럼에도 불구하고 담대하게 엘리사 선지자를 소개할 수 있었던 것은, 하나님의 능력과 하나님의 사람에 대한 단순한 믿음과 함께 도전 정신이 있었기 때문이다. 도전 정신이 없었다면, '엘리사 선지자에게 가면 고침 받을 텐데'라고 속으로만 생각할 뿐, 입 밖으로 꺼내어 말할 수 없었을 것이다.

이름도 드러나지 않고 존재감 없는 본문의 소녀가 어떻게 수천 년이 지난 지금까지 우리 뇌리에 박히는 존재가 될 수 있었던 이유는, 바로 단순한 믿음과 망설이지 않는 도전 정신으로 한 사람의 인생을 바꿔주었기 때문이다.

나아만 장군은 나병환자였다. 나병은 저주와 절망, 낙심의 상징이다. 나아만 장군의 인생의 치명적인 꼬리표였다. 그런데 존재감 없는 이 어린 소녀가 나아만 장군에게 있어서 절망의 꼬리표였던 나병을 '변장하고 찾아온 축복'으로 바꿔준 것 아니겠는가?

소녀로 인해 나병은 나아만 장군에게 자기 인생을 송두리째 바꿔준 복덩어리가 됐다. 만약 나아만 장군에게 나병이 없었다면 그가 무슨 수로 하나님을 만날 것이며, 무슨 수로 그런 기적을 경험할 수 있고, 그 인생이 바뀔 수 있었겠는가? 게다가 후에 그는 이 사건으로 말미암아 아주 겸손한 자로 태도가 확 바뀌어버린다.

그러니 단순한 믿음과 도전 정신을 가지고 먼저 자기 인생에 붙은 '그러나'의 꼬리표를 '변장하고 찾아온 축복'으로 바꾸기를 바란다. 그리고 거기서 그치지 말고 수많은 '그러나'의 꼬리표로 고통받는 제2, 제3의 나아만들의 인생에 붙어 있는 '그러나'의 꼬리표를 과감하게 떼어주는 역할을 감당하는 믿음의 성도가 되길 바란다. 남편에게, 아내에게, 부모님에게, 자녀에게, 회사 동료에게 우리가 나아만 장군의 인생을 바꿔준 그 어린 소녀와 같은, 그런 존재가 되길 바란다. 이것이 우리의 사명인 줄로 믿는다.

생각을 멈추고 단순하게 순종하라

인생의 전환을 꿈꾸고 싶지 않은가? '그러나'의 꼬리표를 붙인 채 지식도 빈곤하고, 인격도 빈곤하고, 모든 게 빈곤한 우리 인생에 하나님의 큰 은혜와 변화의 물꼬를 경험해보고 싶지 않은가? 그러려면 이스라엘 왕처럼 복잡한 생각을 멈추고 능력의 하나님을 신뢰하며 바라봐야 한다.

우리 단순하게 순종해보자. 너무 계산 많이 하지 말고, 잔머리 굴리지 말고, 이스라엘 왕처럼 지레짐작하여 떨지 말고 그저 단순해지는 것이다.

나아만 장군의 인생을 변화시켰던 그 존재감 없던 소녀처럼, 예수님을 믿는 믿음으로 예수님이 부르시니 단순하게 바다 위로 뛰어 내려갔던 베드로처럼, 빈 그릇을 많이 준비하라는 엘리사의 명령에 그대로 순종했던 여인처럼 말이다. 그럴 때 놀라운 하나님의 역사를 경험할 수 있다.

내가 분당우리교회를 어떻게 개척할 수 있었는지 아는가? 주님이 옥한흠 목사님을 통해 "개척하라"라고 하셨기 때문이다. 중고등부 사역만 했던지라 목회 경험이 부족했지만 "개척하라"는 말씀에 바로 개척을 했다. 일단 개척하고 생각했다. 생각을 먼저 했다면, 머리가 터질 듯이 복잡하여 개척하지 못했을 것이다.

'내가 중고등부 사역만 해왔는데 어떡하지? 심방 가서 뭘 해야 하는지도 모르는데 어떡하지?'

걱정이 많았지만, 개척은 했다. 개척하고 나니 하나님의 은혜가 나를 이끌어갔다.

단순한 믿음을 갖기 바란다. 단순한 것에서 능력이 나오며, 하나님의 은혜의 역사는 단순한 믿음과 도전 정신으로 경험할 수 있다. 그 은혜를 다 누리게 되길 바란다.

▶ 열왕기하 5:9-19

9 나아만이 이에 말들과 병거들을 거느리고 이르러 엘리사의 집 문에 서니 10 엘리사가 사자를 그에게 보내 이르되 너는 가서 요단 강에 몸을 일곱 번 씻으라 네 살이 회복되어 깨끗하리라 하는지라 11 나아만이 노하여 물러가 며 이르되 내 생각에는 그가 내게로 나와 서서 그의 하나님 여호와의 이름 을 부르고 그의 손을 그 부위 위에 흔들어 나병을 고칠까 하였도다 … 14 나 아만이 이에 내려가서 하나님의 사람의 말대로 요단 강에 일곱 번 몸을 잠 그니 그의 살이 어린아이의 살같이 회복되어 깨끗하게 되었더라 15 나아만 이 모든 군대와 함께 하나님의 사람에게로 도로 와서 그의 앞에 서서 이르 되 내가 이제 이스라엘 외에는 온 천하에 신이 없는 줄을 아나이다 청하건 대 당신의 종에게서 예물을 받으소서 하니 … 19 엘리사가 이르되 너는 평 안히 가라 하니라 그가 엘리사를 떠나 조금 가니라

Chapter 9

교만을 깨뜨리는
하나님의 맞춤 처방

기독교 역사에서 천오백 년 이상 전해 내려오는 '7가지 대죄'라는 게 있다. 교만, 시기, 탐욕, 탐심, 분노, 정욕, 나태의 7가지 죄악인데, 이 죄악들은 기독교에서 역사적으로 '절대로 방치하면 안 되는 죄들' 이라고 해서 특별히 경계해왔다.

신원하 교수님이 쓴 《죽음에 이르는 7가지 죄》라는 책에 보면, 왜 이 7가지 죄목에 '대죄'라는 표현을 쓰는지 설명하는 내용이 있는데, 이 7가지 죄가 모든 죄의 근원이 되기 때문이라고 한다. 그러니 예수 믿는 우리는 모든 죄의 근원이 되는 이 7가지 죄에 대해 항상 경계하고 주의하며 하나님의 은혜를 구해야 한다.

죄의 근원 중의 근원

그런데 여기서 내가 특별히 주목하는 것이 있다. 그것은 모든 죄의 근원이 되는 일곱 가지 죄 중에 가장 먼저 나오는 게 '교만'이라는 것이다. 나는 이 사실에 대해 나름대로 의미 부여를 해보았다. 교만은 모든 죄의 근원 중의 근원이 될 뿐 아니라 죄의 길로 나아가는 통로 같은 것이기에 내가 가장 경계해야 할 악한 항목 중 하나로 머리에 각인시켜 놓았다.

그리고 보면, 아담과 하와가 저지른 인간의 첫 범죄도 그 뿌리가 교만이다. 사탄이 아담과 하와를 넘어뜨릴 때 어떤 부분을 공략했는가?

> 너희가 그것을 먹는 날에는 너희 눈이 밝아져 하나님과 같이 되어
>
> 창 3:5

나는 지금도 종종 이 말씀을 묵상하곤 한다. 감히 하나님처럼 되고자 하는 터무니없는 생각은 어디에서 나온 것일까? 이 질문에 대해 기독교 윤리학자인 라인홀드 니버는 이렇게 답했다.

"첫 인간이 저지른 범죄의 핵심은 교만이고, 그 본질은 자기 중심성이다."

언젠가 인터넷에서 김학철 교수님의 강의를 들었는데, 그 강의에서 재미있는 사례 하나를 들었다. 미국에서 천 명의 일반인에게 기독교 신앙이 있든 없든 유명인의 명단을 주면서 죽어서 천국에 갈 것 같은

유명인을 물어봤다고 한다. 그랬더니 79퍼센트의 사람이 마더 테레사는 죽어서 천국에 갔을 것 같다고 대답했다. 천 명 중 790명 정도가 평생 인도에서 가난하고 병든 사람을 위해 헌신했던 마더 테레사 같은 사람이 천국 가야 한다고 생각한다는 것이다. 그 다음으로 나온 인물이 마이클 조던인데 65퍼센트, 그 다음으로 나온 인물이 영국의 다이애나 왕세자비로 60퍼센트였다.

그런데 내가 이 조사 결과에서 가장 흥미롭게 느낀 것은, '죽어서 천국에 갈 것 같은 인물이 누구냐?'라는 질문에 무려 87퍼센트의 응답으로 압도적인 1위를 한 인물이 있는데 그 인물은 놀랍게도 '자기 자신'이었다. 세상 사람이 다 존경하는 마더 테레사가 천국에 갔을 것이라고 대답한 비율이 79퍼센트이니, 정말 놀라운 결과 아닌가?

나는 이 흥미로운 설문 결과를 보면서, "첫 인간이 저지른 범죄의 핵심은 교만이고, 그 본질은 자기 중심성에 있다"라는 라인홀드 니버의 말이 떠올랐다.

교만하면 죽는다

한때 나는 마음으로 계속 이렇게 독백했던 적이 있다.

"웃시야 왕이 죽던 해에."

길을 가면서도, 운전을 하면서도 시도 때도 없이 "웃시야 왕이 죽던 해에, 웃시야 왕이 죽던 해에"라고 되뇌었다.

이게 무슨 의미이길래 내가 주문을 외우듯이 그렇게 독백을 했겠는가? 웃시야 왕은 16세라는 어린 나이에 왕위에 올라 무려 52년 동안 나라를 다스린 왕이었는데, 나라를 굉장히 잘 다스렸다. 정치를 얼마나 잘했는지 영토가 점점 확장되었고, "웃시야 왕이야말로 제2의 다윗 왕이다"라고 할 정도로 평판이 좋았다.

그런데 조금만 인정받고 조금만 잘하면 바로 찾아오는 게 교만 아닌가? 웃시야 왕도 예외가 아니어서 너무나 잘나가던 웃시야 왕이 말년에 교만으로 저주를 받아 죽었다.

그가 강성하여지매 그의 마음이 교만하여 악을 행하여 대하 26:16

나는 이 공식이 두렵다. "그가 강성하여지매", 그러고는 그 강성함의 결과로 "그의 마음이 교만하여 악을 행하여"가 되는 것이 말이다. 내가 '웃시야 왕이 죽던 해에'라는 말을 독백하며 되뇌는 이유가 여기에 있다.

교회를 개척하고 한 2,3년쯤 지나면서 성도들이 몰려드는 시기가 있었다. 교회가 숫적으로 확 성장하며 외부에 알려지기 시작하자 나를 아끼는 분들의 충고도 많아지기 시작했다.

"교만해지시면 안 됩니다. 목사님, 초심을 지켜주세요."

지금은 돌아가신 어머니도 생전에 통화할 때마다 과격하게 당부하곤 하셨다.

"너 교만하면 망한다. 교만하면 죽는다. 네가 잘 나서 교회가 성장하고 있다고 생각하면 큰일 날 생각이다."

이처럼 주변에서도 계속 나를 걱정해주며 조언을 해주었지만, 나 스스로도 굉장히 두려웠다. 나도 웃시야처럼 될까 봐 말이다. 그래서 '웃시야 왕이 죽던 해에'를 계속 되뇌게 된 것이다.

'웃시야 왕이 죽던 해에. 너도 교만하면 이렇게 된다.'

내가 은퇴하는 날까지, 내가 죽어서 하나님 앞으로 부름 받아 가는 날까지 치열하게 싸워야 할 적이 내 내면에 도사리고 있는 '교만'임을 잊지 않으려는 몸부림이다.

이번 장의 본문은 앞 장에서 이어지는 내용으로, 나병을 고치기 위해 엘리사 선지자를 찾아간 나아만의 이야기인데, 본문의 내용을 이런 맥락에서 살펴보려고 한다.

나아만의 빛과 그림자

앞 장에서 보았듯이 나아만 장군은 나병으로 고통당하던 사람이다. 그가 이스라엘에 자기 병을 고쳐줄 엘리사라는 선지자가 있다는 소식을 듣고 그를 찾아 나섰다. 지푸라기라도 잡는 심정으로 길을 나섰을 것이다.

나아만 장군이 엘리사의 집에 이르렀다.

나아만이 이에 말들과 병거들을 거느리고 이르러 엘리사의 집 문에 서

니 왕하 5:9

그러자 엘리사 선지자가 나아만 장군에게 처방을 내렸다.

엘리사가 사자를 그에게 보내 이르되 너는 가서 요단강에 몸을 일곱

번 씻으라 네 살이 회복되어 깨끗하리라 하는지라 왕하 5:10

굉장히 평범한 주문 아닌가? 우리가 보기엔 별문제 없는 평이한 내용이다. 그런데 나아만은 이 말을 듣고 격분했다.

나아만이 노하여 물러가며 이르되 … 다메섹 강 아바나와 바르발은 이

스라엘 모든 강물보다 낫지 아니하냐 내가 거기서 몸을 씻으면 깨끗하

게 되지 아니하랴 하고 몸을 돌려 분노하여 떠나니 왕하 5:11,12

실천하기에 그리 어려운 것도 아닌데 나아만 장군은 왜 이토록 격하게 반응했을까? 그 답이 5장 1절에 나와 있다.

아람 왕의 군대 장관 나아만은 그의 주인 앞에서 크고 존귀한 자니 이

는 여호와께서 전에 그에게 아람을 구원하게 하셨음이라 **'그는 큰 용**

사이나' 나병환자더라 왕하 5:1

한번 생각해보자. 나아만 장군은 큰 용사고 존경받는 인물이었다. 그러나 그가 가진 치명적인 불행은, 그가 나병환자란 것이었다. 나병은 나아만 장군의 부와 명성과 모든 것을 다 집어삼키는 블랙홀과 같은 것이었다. 그래서 지금 그 문제를 해결하기 위해 엘리사 선지자를 찾았다. 그런데 그에게는 절박한 환자의 자세가 없었다. 9절을 다시 보라.

> 나아만이 이에 말들과 병거들을 거느리고 이르러 엘리사의 집 문에 서니
>
> 왕하 5:9

무엇이 잘못되었는지 느낄 수 있지 않은가? 그는 지금 전쟁에서 승리하고 돌아오는 개선장군이 아니라 환자다. 그것도 자기 인생을 절망으로 몰고 가는 치명적인 나병환자다. 그런데 그에게는 이번에도 병을 고침 받지 못하면 끝장이라는 절박함이 보이지 않는다. 이것이 교만이다. 이처럼 교만은 인간의 생각을 마비시킨다. 그래서 교만이 치명적인 것이다. 그런 절박한 상황에서도 말들과 병거들을 거느리면서 거들먹거리기 좋아하던 나아만의 모습이 죄성을 가진 인간의 모습이다.

교만한 사람의 증상 - 생각의 경직
본문을 묵상하다 보니, 교만한 사람에게 나타나는 두 가지 증상

이 있음을 알 수 있었다. 어떤 증상인가?

교만한 사람에게 나타나는 첫 번째 증상은 '생각의 경직'이다.

> 나아만이 노하여 물러가며 이르되 **'내 생각에는'** 그가 내게로 나와 서서 그의 하나님 여호와의 이름을 부르고 그의 손을 그 부위 위에 흔들어 나병을 고칠까 하였도다 왕하 5:11

나는 여기 나오는 '내 생각에는'이라는 표현에 주목한다. 나아만 장군이 마음으로 품고 있던 '내 생각에는'이라는 감정은 '자기가 원하는 방식대로가 아니면' 견딜 수 없어 하는 생각의 경직을 드러내는 것이다.

'동맥경화'는 일종의 노화현상인데, 사전을 찾아보니 이렇게 설명하고 있었다.

"동맥의 벽이 두꺼워지고 굳어져서 탄력을 잃는 질환."

그리고 '동맥경화'라고 할 때 '경화'를 사전에서 찾아보니, "물건이나 몸의 조직 따위가 단단하게 굳어짐"이라고 풀이하고 있었다.

보통 나이가 젊을 때는 동맥경화에 잘 안 걸리는데, 요즘은 비만 비율이 높아져서 청년들도 조심해야 한다고 한다. 나이가 많든 적든, 동맥이 딱딱해지고 굳어지면 문제가 생긴다.

동맥이 딱딱해지고 굳어지는 것이 건강에 큰 문제가 되는 것처럼, 우리 생각의 경화, 즉 우리의 생각이 경직되고 굳어지는 것 역시 매우 위험한 일이다. 그리고 동맥경화가 일종의 노화현상이듯이 생각의 경직도 마찬가지다. 생각의 벽이 두꺼워지고 굳어져 탄력을 잃으면 우리도 나아만 장군처럼 '내 생각에는'을 연발하는 교만에서 나오는 증상이 드러날 수 있다.

교만한 사람의 증상 - 분노

교만한 사람에게 나타나는 두 번째 증상은, 화를 잘 낸다는 것이다. 즉, 분노가 많아진다.

엘리사 선지자의 처방을 받은 나아만 장군의 첫 반응이 '분노'였다.

나아만이 노하여 물러가며 이르되⋯왕하 5:11

특이한 제목의 책을 본 적이 있다. 책 제목이 《개소리에 대하여》다. 제목만 보고 가벼운 책이라고 오해하면 안 된다. 이 책은 세계적으로 알려진 미국 프린스턴대학교 철학과 명예교수인 해리 플랭크 퍼트가 쓴 철학서인데, 너무 어려워서 전공자가 아닌 일반인들에겐 권하지도 않는다고 한다.

제목이 참 독특하고 웃기지 않은가? 사람이 쓸데없는 소리를 할 때 흔히 '개소리한다'라고 하는데, 세계적인 철학 교수가 '개소리'에 대해 책을 쓰다니 말이다. 우리나라의 인지심리학자인 김경일 교수가 이 책에 대해 풀어서 설명한 짧은 강의를 들은 적이 있다. 그 강의에서 김경일 교수는 이 책의 저자가 말하는 최악의 개소리를 우리나라식으로 설명하면 "어딜 감히"라고 한다. "어딜 감히"라고 자주 이야기하는 사람은 왜곡된 나르시시즘을 가지고 있는 사람이고, 이런 나르시시즘은 실제로 '나는 너보다 잘났어' 혹은 '나는 너와 본질이 다르게 태어났어'라는 생각에서 시작된다고 한다.

즉, 개소리가 어디서 시작된다는 것인가? '교만'에서 시작된다는 것이다. 그래서 튀어나오는 말이 "어딜 감히 나한테"라고 하는 것이다. 예전에는 싸울 때 이런 말을 하는 사람이 진짜 많았다.

"너 내가 누군지 알아?"

이 말속에는 '나 이런 사람이야. 네가 나 같은 사람에게 어딜 감히'라는 교만이 내포되어 있다.

내가 삼십 대 중반이었을 때, 교통 위반 딱지를 떼려는 의경에게 부끄러운 말을 한 적이 있다. 오래전에 있었던 일인데도 그때를 생각하면 얼굴이 화끈거린다. 나는 '교통 위반을 안 했다'라고 하고 있었고, 의경은 '위반했으니 딱지를 떼겠다'라고 실랑이하고 있었는데, 내 입에서 이런 말이 툭 튀어나왔다.

"너 몇 살이야?"

지금 누가 잘못했냐 안 했냐를 따지는 중인데, 나이 얘기가 왜 나오느냐 말이다. 이게 개소리다. "어딜 감히"의 다른 버전이랄까. 다 교만에서 나오는 것이다.

사람들이 나이가 들수록 많이 걸린다는 병이 있다. '섭섭병'이다. 나도 참 이게 고민이다. 옛날에는 이런 증세가 없었는데 나이가 들수록 자꾸 섭섭한 마음이 생긴다. 그러면 안 된다는 걸 알고 있기에 표현은 잘 안 하지만, 마음에서 툭툭 뒤어나온다.

'어딜 감히. 너 몇 살이야? 나한테 왜 이래? 섭섭하게?'

나이 들수록 동맥경화라는 병에 노출되기 쉽듯이 생각의 경화가 오기 쉽다는 것을 기억하고 노력을 많이 해야 한다. 생각의 경화가 오면 분노가 일어나고 개소리가 툭툭 뒤어나오기 쉽다.

나는 평소에도 나 자신에게 경고를 자주 하는 편인데, 앞에서 말한 것처럼 "웃시야 왕이 죽던 해에"를 되뇌기도 하지만, 최근엔 자꾸 섭섭해지는 나 자신에게 경고하기 위해 아예 노래를 부르며 다닌다. "바람은 죄가 될 테니까"라고.

'10월의 어느 멋진 날에'라는 노래의 한 구절인데, 작사가는 이런 뜻으로 작사한 게 아닐 테지만 나는 이 부분을 계속 반복하면서 나 자신에게 경고하는 것이다.

'모든 바라는 것은 죄다. 기대하지 말자. 바라지 말자.'

나에게는 꿈이 있다. 아름답게 나이 들기를 바란다. 나이 들어가면서 점점 더 아름다워져야지 추해지면 곤란하다고 나를 다독인다. 나는 알고 있다. "바람은 죄가 될 테니까"라고 노래를 백 번 불러도 소용없다는 사실을. 그 뿌리로 가야 한다. 교만을 제거해야 하는 것이다. 교만의 문제를 해결할 때, 내 내면의 교만을 다스릴 때, 내 안에서

꿈틀대는 '어딜 감히? 너 나 누군지 알아?' 같은 개소리가 그친다.

오늘 우리는 나아만의 모습에서 우리의 모습을 찾아내어 그 문제를 가지고 하나님께 나아가야 한다.

본문 말씀이 내게 도전이 되는 것은, 나아만은 겉으로 드러나는 문제인 나병을 고침받기 위해 엘리사 선지자를 찾았지만 하나님은 그 내면에 도사리고 있던 교만의 문제까지 해결해주셨다는 것이다. 본문을 보면 완전히 달라진 나아만을 볼 수 있다. 그는 겸손한 사람이 되었다.

이처럼 놀라운 변화를 만들어주신 본문 속의 하나님을 묵상하면서 나는 '하나님의 일하심'에 내포된 두 가지 요소를 발견했다.

하나님은 맞춤 처방을 하신다

하나님의 일하심 첫 번째는 '맞춤 처방'이다.

나는 본문에서 이것을 발견하고 굉장히 감동했다. 10절을 보자.

엘리사가 사자를 그에게 보내 이르되 너는 가서 요단강에 몸을 일곱 번 씻으라 왕하 5:10

엘리사 선지자가 나아만 장군에게 요단강에 가서 몸을 일곱 번 씻을 것을 주문하는데, 사실 이것은 독특한 주문이었다. 성경에 보면 하나님께서 나병을 고쳐주신 사건이 여러 번 나온다. 구약에도 있고 신약에도 있다. 그런데 나병을 고쳐주시는 과정에서 요단강에 가서 몸을 일곱 번 씻으라는 주문은 이곳이 유일하다. 다른 곳에서는 이런 요구가 없었는데 왜 유독 나아만에게만 이런 까다로운 요구를 했을까?

내가 얻은 답은, 이 과정이 나아만 장군에게 필요했기 때문이란 것이다. 하나님께서는 그의 육신의 병만 다루신 것이 아니라 그 내면의 깊은 병인 '교만의 문제'도 다루길 원하셨고, 그래서 나아만 장군에게만 이런 독특한 요구를 하셨다. 그래서 '맞춤 처방'인 것이다.

만약 하나님의 이런 깊은 배려가 없었다면 나아만은 나병을 고침 받은 이후에 더욱 교만해졌을 것이다. 아주 기고만장해졌을 것이다. 하나님은 그것을 방치하지 않으셨다. 이것이 하나님의 '맞춤' 일하심이다.

하나님의 맞춤 처방을 통해 변화된 나아만의 모습이 아름답다. 엘리사 선지자의 처방에 격분하면서 '날 뭘로 보고 감히'라고 반응했던 나아만의 태도가 바뀌어 엘리사 선지자 앞에서 자신을 '당신의 종'이라고 표현한다.

> 나아만이 모든 군대와 함께 하나님의 사람에게로 도로 와서 그의 앞에 서서 이르되 내가 이제 이스라엘 외에는 온 천하에 신이 없는 줄을 아나이다 **청하건대 당신의 종에게서 예물을 받으소서 하니** 왕하 5:15

나아만이 이르되 그러면 청하건대 노새 두 마리에 실을 흙을 **'당신의 종에게 주소서'** 이제부터는 **'종이'** 번제물과 다른 희생제사를 여호와 외 다른 신에게는 드리지 아니하고 다만 여호와께 드리겠나이다

왕하 5:17

나는 이 말씀을 묵상하면서 나의 지난 시간을 돌아봤다. 하나님은 나아만 장군에게 베풀어주신 '맞춤 처방'의 은혜를 나에게도 똑같이 베풀어주셨다. 그래서 겉으로 드러나는 문제 해결에만 급급한 인생이 아니라 내면 깊숙이 자리 잡고 있는 교만의 문제에 대해서도 계속 다루어주고 계심을 깨닫게 된다.

이 깊으신 하나님의 뜻을 헤아려 더욱 겸손의 자리로 나아가도록 기도해야 할 것이다.

하나님을 찬양하게 하신다

두 번째로, 하나님의 일하심의 궁극적인 목표는 '하나님을 찬양하는 인생'이 되게 하시는 것이다. 열왕기하 5장 15절과 17절 말씀을 살펴보면서 나아만의 어떤 점이 달라졌는지 찾아보라.

… 내가 이제 이스라엘 외에는 온 천하에 신이 없는 줄을 아나이다

왕하 5:15

… 이제부터는 종이 번제물과 다른 희생제사를 여호와 외 다른 신에게
는 드리지 아니하고 다만 여호와께 드리겠나이다 왕하 5:17

요단강에 가서 몸을 일곱 번 씻으라는 처방을 내린 것은 엘리사였
는데, 지금 나아만이 영광 돌리는 대상은 하나님이다. 나아만은 지
금 엘리사를 찬양하는 것이 아니라 하나님을 찬양하고 있는 것이다.
이것이 중요하다.

요즘 한국교회가 병들었다고 탄식하는 소리가 많아지고 있는데,
나는 병든 한국교회를 치료하기 위한 대안을 알고 있다. 고침받은
나아만처럼 사람에게 주목하는 것이 아니라 하나님을 바라보고 하
나님께만 영광을 돌리는 것이다.

현실적으로 보면 한국교회는 여전히 사람에게 집중하고, 사람을
찬양하는 경우가 많다. 이것을 고쳐야 한다. 이제 사람의 영향을 받
고, 사람에게 집중하는 그 에너지를 하나님에게로 돌려드리는 일이
일어나야 한다. 그래야 교회 안에 자리 잡은 뿌리 깊은 병이 치료될
줄 믿는다.

압도하는 하나님의 임재를 경험하라

교만을 방치해서는 안 된다. 나의 내면에 도사리고 있는 교만을
깨뜨려야 한다. 그런데 중요한 것은 나의 내면에 도사리고 있는 교

만을 깨뜨리기 위해서는 해야 할 일이 하나 있다는 것이다.

하나님의 임재를 사모하는 것이 그것이다. 하나님의 임재를 경험해야 내 내면의 교만을 다스릴 수 있다. 압도하시는 하나님의 존재를 경험할 때 나의 작음과 연약함을 발견하게 되어 겸손의 자리로 나아갈 수 있다.

5장 1절의 말씀을 다시 보자.

> 아람 왕의 군대 장관 나아만은 그의 주인 앞에서 크고 존귀한 자니 이
> 는 **'여호와께서 전에 그에게 아람을 구원하게 하셨음이라'** 그는 큰 용
> 사이나 나병환자더라 왕하 5:1

나아만이 겸손해지기 위해서는 반드시 깨달아야 할 것이 하나 있었는데, 자신이 큰 용사일 수 있었던 것은 '여호와께서' 전에 그에게 아람을 구원하게 하셨기 때문임을 깨닫는 것이다. 고침받은 나아만이 그 사실을 깨달았기 때문에 '이제 온 천하에 여호와 말고 신이 없는 줄 알았다'며 '여호와 외에 다른 신에게 제사드리지 않겠다'고 고백할 수 있게 된 것이다.

우리도 이제는 깨달아야 한다. 예수 믿기 전에 승승장구했던 어떤 일, 내가 은혜받기 이전에 내 힘으로 이룬 것이라고 생각했던 그 일조차도 하나님의 은혜가 개입되어 있다는 것이다. 나아만이 깨달은 것이 바로 이것이다.

20년 전, 30년 전의 내 모습, 심지어 23세 때 하나님께 삿대질하며 조롱하고 대들던 그 순간에도 여전히 내 삶에는 하나님의 은혜가 흐르고 있었다는 사실을 깨닫자 내 안에 교만이 설 자리가 없어졌다.

우리 모두에게 이 은혜가 있기를 바란다. 압도적인 하나님의 임재와 능력을 경험함으로써, 내가 내 힘으로 이루었다고 믿었던 그 일조차도 그 배후에는 하나님의 일하심이 있었다는 사실을 깨닫게 되길 바란다. 그럴 때 우리 내면의 교만이 깨지고, 온전한 변화를 맛보게 될 것이다.

▶ 열왕기하 5:20-27

20 하나님의 사람 엘리사의 사환 게하시가 스스로 이르되 내 주인이 이 아람 사람 나아만에게 면하여 주고 그가 가지고 온 것을 그의 손에서 받지 아니하였도다 여호와께서 살아 계심을 두고 맹세하노니 내가 그를 쫓아가서 무엇이든지 그에게서 받으리라 하고 21 나아만의 뒤를 쫓아가니 나아만이 자기 뒤에 달려옴을 보고 수레에서 내려 맞이하여 이르되 평안이냐 하니 22 그가 이르되 평안하나이다 우리 주인께서 나를 보내시며 말씀하시기를 지금 선지자의 제자 중에 두 청년이 에브라임 산지에서부터 내게로 왔으니 청하건대 당신은 그들에게 은 한 달란트와 옷 두 벌을 주라 하시더이다 … 25 들어가 그의 주인 앞에 서니 엘리사가 이르되 게하시야 네가 어디서 오느냐 하니 대답하되 당신의 종이 아무 데도 가지 아니하였나이다 하니라 … 27 그러므로 나아만의 나병이 네게 들어 네 자손에게 미쳐 영원토록 이르리라 하니 게하시가 그 앞에서 물러나오매 나병이 발하여 눈같이 되었더라

Chapter 10

삶을 망가뜨리는
탐심을 이겨라

목회자로서 나에게 영향을 끼친 분 중에 D.E. 호스트 선교사가 있다. 호스트 선교사는 중국내지선교회(CIM)의 2대 총재인데, 1대 총재는 우리가 잘 아는 허드슨 테일러 선교사다.

허드슨 테일러 선교사는 중국 선교의 아버지라고 불릴 만큼 대가 아닌가? 그런 대가 선교사의 후임으로 부임했다는 것만 봐도 대단한 분이란 것을 짐작할 수 있다. 또한 중국내지선교회의 2대 총재로 부임한 이후 무려 35년 동안 총재 역할을 감당했는데, 그만큼 깊은 신뢰를 얻었다는 뜻이다.

내가 호스트 선교사를 롤모델로 삼고 싶을 정도로 닮고 싶었던 것은 그에게서 귀한 모습 두 가지를 발견했기 때문이다.

지속적으로 성장하는 사람

첫째로 호스트 선교사는 지속적인 성장을 이룬 인물이었다. 사실 그는 처음부터 그렇게 눈에 띄는 거목은 아니었다. 그의 삶을 기록한 《잊히기 위해 산 사람》이라는 소책자에 보면, 젊은 시절에 중국내지 선교회 멤버로 가입하려고 할 때 있었던 에피소드가 담겨 있다. 아마도 신실하게 헌신하는 선교단체다 보니 회원 자격도 엄격하게 살폈던 것 같다. 회원 가입을 할 때, 주변 사람의 평판을 조사했던 것 같은데, 젊은 시절 그에 대한 평판은 별로 긍정적이지 않았다. 몇 문항을 살펴보자.

질문 : 이 사람은 가르치는 능력이 있습니까?

대답 : 잘 모르겠음. 잘 가르칠 수 있다고 생각하지 않음.

질문 : 이 사람은 신중하고 잘 참는 성격입니까?

대답 : 잘 모르겠음. 부르심을 받은 자리에서 인내심을 길러야 할 것으로 생각됨.

질문 : 이 사람은 힘이 있고 진취적입니까?

대답 : 그랬으면 좋겠음. 선천적으로는 진취적인 것 같지 않음.

질문 : 이 사람은 성경 지식이 풍부합니까?

대답 : 꽤 알고 있음. 그러나 그는 어린 기독교인임.

이걸 보니 젊은 시절에는 여러 가지 부족한 게 많았던 것 같다. 그

랬는데 그로부터 25년 후에는 그 단체의 총재로 선출되었고, 그리고 그 총재 역할을 무려 35년 동안이나 계속 수행했다. 이건 지속적인 성장이 있었다는 것을 뜻하는 것 아니겠나? 나는 '계속 성장해갔다'는 점을 본받고 싶었다.

잊히기 위해 산 사람

그리고 또 한 가지, 내가 닮고 싶어 했던 호스트 선교사의 두 번째 모습은 그가 가진 '귀한 정신'이다. 앞에서 소개했던, 이분의 삶을 기록한 소책자 제목이 《잊히기 위해 산 사람》인데, 제목을 이렇게 정한 이유가 있다. 주변 사람들이 호스트 선교사를 평가할 때 공통적으로 나오는 평가가 "그는 그리스도를 기억하게 하기 위해서 자기는 잊히도록 살았습니다"였다. 그래서 책 제목을 《잊히기 위해 산 사람》으로 한 것이다.

나는 이 소책자를 내 서재에 손이 닿는 가까운 곳에 두고 한 번씩 꺼내서 제목을 본다.

"잊히기 위해 산 사람."

내가 왜 그 책을 자꾸 꺼내어 보는지 아는가? 나는 그게 잘 안 되기 때문이다. 내 본능은 사람들이 기억해주는 사람이 되고 싶어 한다. 하지만 그건 미숙한 생각이라는 것을 잘 알기에 본능을 방치하지 않는 것이다. 나도 호스트 선교사처럼 '잊히기 위해 산 사람'이라는 목표를 갖기 원한다.

'잊히기 위해 산 사람'이라는 걸 계속 묵상하다 보니 나도 결심한
게 하나 있다. 은퇴할 때 은퇴식을 하지 말아야겠다는 것이다. 은퇴
식을 하는 게 나쁜 것이라서가 아니라 작은 부분이라도 삶에 적용하
고 싶어서다.

내가 호스트 선교사를 통해 배운 것이 있다면, 이분처럼 자기 내면
의 욕심을 통제하고 제어할 때 오히려 하나님께서 주시는 풍성함을
누리며 살 수 있다는 것이다. 내면의 욕심을 방치하면 안 되는 이유
가 여기에 있다.

보고도 배우지 못하는 사람

본문 말씀을 통해 살펴볼 게하시라는 인물은 호스트 선교사와 정
반대의 길을 걸어간 자였다. 엘리사 선지자의 사환이었던 게하시에
게는 두 가지 특징이 있다.

하나는, 그에게는 성장이 없었다는 것이다. 호스트 선교사와 정반
대의 특징이다.

나는 후배 목사들에게 종종 이런 말을 한다. 우리 목회자들 중에
제일 불쌍한 사람은 본 게 없는 사람이라고. 보고 따라하며 닮아갈
사람이 없는데 어떻게 건강한 목회를 추구할 수 있겠냐고. 그러므로
존경할 만한 어른을 가까이하면서 보고 배워야 한다고 말이다.

이처럼 보면서 배우는 것이 중요함을 강조하곤 하는데, 요즘엔 본 게 없는 사람보다 더 불쌍한 사람이 있다고 강조한다. 본 게 없는 사람도 불쌍하지만, 다 봐놓고 영향을 받지 못하는 사람은 더 불쌍한 사람이라는 것이다. 본문의 게하시가 바로 그런 사람이다.

게하시는 당대를 대표하는 선지자였던 엘리사를 가까이서 지켜보았던 사람이다. 한글 성경에는 게하시를 '엘리사의 사환'이라고 번역했지만, 더 정확하게 말하면 게하시는 엘리사의 수석 제자 역할을 했다고 보면 된다. 결정적일 때 항상 게하시를 데리고 갈 정도로 측근 중의 측근이었다.

그러나 불행하게도 게하시는 엘리사 선지자의 영향을 받지 못했다. 엘리사 선지자가 갖고 있던 영혼에 대한 사랑과 긍휼, 그리고 스승 엘리야로부터 '갑절의 영감'을 구해서 얻을 수 있었던 놀라운 능력을 사람을 살리고 세우는 일에 사용하던 귀한 정신을 전수 받지 못했다.

이것이 게하시의 가슴 아픈 첫 번째 특징이다.

탐욕이 성장을 가로막은 사람

게하시의 두 번째 특징은, 그는 탐욕이 성장을 가로막은 인물이었다는 것이다.

아람의 군대장관 나아만이 나병을 고침받고는 엘리사 선지자에게 예물로 감사의 마음을 전하고자 했다. 그러자 엘리사가 그럴 필요

없다고 사양한다.

> 이르되 내가 섬기는 여호와께서 살아 계심을 두고 맹세하노니 내가 그
> 앞에서 받지 아니하리라 하였더라 나아만이 받으라고 강권하되 그가
> 거절하니라 왕하 5:16

청렴했던 엘리사의 중심이 느껴지는 선물 사양이다. 그런데 문제
가 뭐냐 하면, 수석 제자와 같았던 게하시는 스승의 그런 중심을 배
우지 못했다. 그는 스승 엘리사의 마음 중심을 귀히 여기지 못하고
오히려 못마땅하게 생각했다. 이것이 5장 20절에 기록되어 있다.

> 하나님의 사람 엘리사의 사환 게하시가 스스로 이르되 내 주인이 이
> 아람 사람 나아만에게 면하여 주고 그가 가지고 온 것을 그의 손에서
> 받지 아니하였도다 여호와께서 살아 계심을 두고 맹세하노니 내가 그
> 를 쫓아가서 무엇이든지 그에게서 받으리라 하고 왕하 5:20

게하시는 대놓고 말은 못 하고 속으로 다짐만 한다.
'내가 그를 쫓아가서 뭐든 받으리라!'
이것이 게하시의 수준이다. 탐욕이 그 내면에 도사리고 있다가 결
정적인 순간에 튀어나오는 모습을 보인다. 그 탐욕이 게하시를 어디
까지 끌고 가는지 보라.

탐욕은 거짓을 낳는다

> 나아만의 뒤를 좇아가니 나아만이 자기 뒤에 달려옴을 보고 수레에서 내려 맞이하여 이르되 평안이냐 하니 그가 이르되 평안하나이다 우리 주인께서 나를 보내시며 말씀하시기를 지금 선지자의 제자 중에 두 청년이 에브라임 산지에서부터 내게로 왔으니 청하건대 당신은 그들에게 은 한 달란트와 옷 두 벌을 주라 하시더이다 왕하 5:21,22

게하시는 나아만 장군을 만나서, 주인 엘리사 선지자가 자기를 보내어 예물을 받아오라고 시켰다는 터무니없는 거짓말을 했다. 게하시가 가진 탐심이 거짓말로 연결되었다. 여기서 우리는 두려운 교훈을 얻어야 한다. 탐심은 거짓을 낳는다는 것이다.

우리 교회에는 귀한 직원들이 많다. 심지어 예전 직장에서 받는 월급보다 더 적은 월급을 받고도 우리 교회로 와서 직원으로 섬기는 경우도 간혹 있다. 예전에도 그런 경우가 있어서 그 직원에게 물었다. 왜 월급 많이 주는 직장을 그만두고 교회 직원으로 왔느냐고. 그랬더니 이전 직장에 다니면서 마음이 너무 힘들었다는 것이다. 정직하지 못한 방식의 일 처리가 힘들고 괴로웠다고 말이다. 그런데 교회에서는 이런 갈등 없이 투명하게 일을 하니까 월급을 좀 적게 받아도 지금이 만족스럽다고 한다.

물론 정직한 회사들도 많겠지만, 이 직원이 다닌 직장은 아니었던 모양이다. 그런 회사들이 거짓으로 일하는 까닭이 무엇인가? 탐심 때문이다. 탐심이 거짓을 낳는다.

탐심으로 나아만 장군을 속인 게하시의 거짓이 꼬리에 꼬리를 문다. 나아만 장군을 속인 게하시가 이번에는 스승인 엘리사 선지자도 속인다. 엘리사 선지자 몰래 받은 물건들을 다 숨겨놓고는 이런 거짓된 보고를 한다.

> 들어가 그의 주인 앞에 서니 엘리사가 이르되 게하시야 네가 어디서 오느냐 하니 대답하되 당신의 종이 아무데도 가지 아니하였나이다 하니라 왕하 5:25

이렇듯 내면에 도사리고 있는 탐욕은 거짓을 낳고, 이 거짓은 또 다른 거짓을 낳는다. 한 번 이렇게 거짓의 열매를 낳으면, 거짓의 번식력이 좋아서 계속 거짓을 낳게 되는데, 지금 게하시가 보여주는 모습이 바로 그렇다.

> 오직 각 사람이 시험을 받는 것은 자기 욕심에 끌려 미혹됨이니 욕심이 잉태한즉 죄를 낳고 죄가 장성한즉 사망을 낳느니라 약 1:14,15

앞 장에서, 기독교 역사에서 전해 내려오는 일곱 가지 대죄가 있다고 언급한 바 있다. 왜 '대죄'라고 한다고 했는가? 이 일곱 가지 죄가 모든 죄의 근원이 되기 때문이라고 했는데, 여기엔 '탐욕'도 들어 있다. 탐욕이야말로 또 다른 죄를 만들어내는 무서운 번식력을 가진 악한 죄다. 단테는 이런 경고를 했다.

"탐욕은 마치 굶주린 늑대 같아서 사람들과 그들의 행복을 갈기갈기 찢을 뿐 아니라 사회 질서도 무너뜨리는 인간 최대의 적이다."

그래서 성경 디모데전서 6장 10절 말씀은 진리다.

> 돈을 사랑함이 일만 악의 뿌리가 되나니 이것을 탐내는 자들은 미혹을 받아 믿음에서 떠나 많은 근심으로써 자기를 찔렀도다 딤전 6:10

돈을 사랑하면, 다시 말해 탐심이 그 내면에 도사리면 근심으로 자기를 찌른다고 하는 이 말씀은 무서운 진리다. 현대인들이 과거 70~80년대에 비하면 엄청나게 많은 것을 누리며 사는데도 예전보다 삶의 만족감이 떨어지는 이유가 무엇인가? 불면증이 급증하는 이유가 무엇인가? 이 시대가 탐욕을 부추기는 시대이기 때문이다. 탐욕을 자극하는 시대는 내면의 평안을 빼앗아 간다. 우리 안에 있는 탐욕을 자극하는 시대다 보니, 더 많은 근심이 자기를 찌르는 시대가 됐다.

어떻게 하면 이런 탐욕의 시대에 탐심에서 자유함을 누릴 수 있을까? 엘리사 선지자나 호스트 선교사와 같은 탐심이 이기는 능력을 가지려면 어떻게 해야 하는가? 이 질문에 대한 답을 세 가지로 정리해보았다.

탐심을 이기는 첫 번째 비결은 '자족과 단순한 삶'을 훈련하는 것이다.

엘리사 선지자가 역사의 전면에 등장할 때를 기억하는가? 하나님이 그를 부르셨을 때, 그가 얼마나 단순하게 반응했는가?

> 그가 소를 버리고 엘리야에게로 달려가서 이르되 … 엘리사가 그를 떠나 돌아가서 한 겨릿소를 가져다가 잡고 소의 기구를 불살라
>
> 왕상 19:20,21

엘리사는 부자였다. 가진 게 많을수록 내려놓기 어려운 것은 인지상정 아닌가? 그런데 엘리사는 단순하게 반응했다. 소는 잡아서 함께 먹고, 농기구는 불살랐다. 가진 것이 많아도 그 소유에 마음을 두지 않았기 때문에 단순하게 반응할 수 있었던 것이다.

내가 아는 부자 성도들 중에는 존경스러운 분들이 많다. 그 분들은 한결같이 단순한 삶을 사신다. 만나보면 부유한 티도 잘 안 난다. 이런 분들의 공통점은 행복하다는 것이다. 가진 것이 많아서 오는 행복이 아니라 단순한 삶에서 누리는 행복이다.

본문에서도 엘리사의 단순함을 볼 수 있다. 열왕기하 5장 16절을 다시 보자.

이르되 내가 섬기는 여호와께서 살아 계심을 두고 맹세하노니 내가 그 앞에서 받지 아니하리라 하였더라 나아만이 받으라고 강권하되 그가 거절하니라 왕하 5:16

　나아만이 예물을 갖고 오자 이것저것 복잡한 얘기 없이 '하나님이 하신 일인데 내가 선물을 받을 수 없다'라고 거절한다. 그게 전부다. 거창한 철학이나 복잡한 설명이 필요없다.

　내가 볼 때 오늘날 현대인들이 잠 못 자고 불안에 시달리는 것은 자승자박이다. 자기 전에 생각을 너무 많이 하니 잠을 못 이루는 것 아닌가? 나는 자족과 단순한 삶이 함수 관계가 있다고 생각한다.

　'하나님 앞에서 하나님만 높임을 받으시고, 나는 잊히기 위해 사는 사람이다. 하나님이 높임 받으신다면 나는 세례 요한의 고백처럼 쇠하여져도 괜찮다.'

　이런 간단하고도 단순한 삶의 기준이 있다고 한다면, 여기에 무슨 복잡한 생각이 끼어들 수 있겠는가? 무리수를 둬서라도 흥하려고 하니까 머리가 터질 듯이 복잡한 것 아닌가? 하나님께서 허락하신 단순한 삶을 살아야 하고, 이 단순한 삶은 자족하는 마음에서 나온다는 사실을 기억하자.

　빌립보서 4장에서 사도 바울은 자족과 관련하여 중요한 교훈 하나를 우리에게 알려준다.

내가 궁핍하므로 말하는 것이 아니니라 어떠한 형편에든지 나는 자족하기를 '배웠노니' 나는 비천에 처할 줄도 알고 풍부에 처할 줄도 알아 모든 일 곧 배부름과 배고픔과 풍부와 궁핍에도 처할 줄 아는 일체의 비결을 '배웠노라' 빌 4:11,12

바울은 자족하기를 '배웠다'고 한다. 바울과 우리의 차이, 그리고 엘리사와 게하시의 차이는 타고난 것이 아니라 배움의 차이다. 엘리사는 성숙하게 타고났고, 게하시는 미숙하게 타고난 것이 아니다. "배웠노니, 배웠노라", 바로 여기에 차이가 있다.

사도 바울은 자족을 어디서 배웠다고 하는가? "모든 일 곧 배부름과 배고픔과 풍부와 궁핍"에서 배웠다고 한다. 이 모든 게 자족을 가르치는 사도 바울의 교과서였다. 그 덕분에 그는 비천에 처할 줄도 알고 풍부에 처할 줄도 알게 되었다.

요즘 하는 일이 잘 되고 점점 부해지는가? 그렇다면 내 안에 탐심이 있는지 없는지 점검할 기회가 왔다고 생각하라. 자족하는 것이 얼마나 큰 능력인지 테스트해보기 바란다.

하는 일이 잘 안 풀리고 어려운가? 그럴 때는 기도해야 한다. 그리고 지금이야말로 내 내면에 있는 자족이 작동될 때라는 사실을 기억하자. 삶 속에서 이런 배움과 깨달음의 시간을 자주 만들어 가기 바란다.

내적 결핍을 채우라

탐심을 이기는 두 번째 비결은 '내적인 결핍'을 채우는 것이다.

나아만 장군의 선물 공세에 흔들리지 않았던 엘리사 선지자와 너무 흔들려서 나아만과 엘리사를 속이면서까지 뒤따라가 선물을 챙겨온 게하시의 차이는 무엇인가? 나는 '내적인 충만'과 '내적인 결핍'의 차이라고 생각한다.

엘리사 선지자가 처음 하나님의 부르심을 받았을 때 소를 버리고 농기구를 불태울 수 있었던 그 정신이 계속 유지될 수 있었던 것은 지금의 자기 삶에 대한 만족함이 있었기 때문이다. 내면에 결핍이 없을 때는 물질의 유혹에도 흔들리지 않는다.

여기에 반해 게하시의 탐욕의 배경에는 채워지지 않는 내적인 결핍이 있었다. 자기 유익을 위해 그렇게 쉽게 거짓말을 반복하는 것만 봐도 알 수 있는 것 아닌가?

거짓말까지 해가며 선물을 받아내려고 혈안이 되어 있던 게하시가 안쓰러운 이유가 여기에 있다.

그래서 사도 바울이 말한 자족의 비결이 중요하다.

> 내가 궁핍하므로 말하는 것이 아니니라 어떠한 형편에든지 나는 자족하기를 배웠노니 빌 4:11

그 다음 13절 말씀을 보자.

내게 능력 주시는 자 안에서 내가 모든 것을 할 수 있느니라 ^{빌 4:13}

바울은 자기가 '자족'을 배웠는데, 그 자족의 원천은 바로 "내게 능력 주시는 자"에게서 나온다고 말한다. 그분 안에서 모든 것을 할 수 있다는 것이다.

이 사실을 잊어서는 안 된다. 우리 내면을 채워주시는 분은 주님이시다. 우리 내면이 주께서 채워주시는 풍성함으로 가득 찰 수만 있다면 사도 바울처럼 복음 전하다 감옥에 갇히는 일을 당해도 흔들림이 없다. 능력 주시는 주님 안에서 그 내면이 꽉 차 있기에 자족할 수 있기 때문이다. 바울이 감옥에서도 감사할 수 있었던 비결이 여기에 있다. 주님으로 채워지면 내 안의 탐욕이 힘을 쓸 수 없게 될 줄 믿기 바란다.

사십 대 초반, 교회를 개척하고 얼마 안 되었을 때의 추억이다. 그때가 토요일이었는데, 어느 집사님과 송림학교 정문에서 만나기로 약속했는데 그 분이 늦으셨다. 초겨울쯤으로 약간 추웠는데, 약속 상대를 기다리다가 갑자기 내 안에 성령님이 충만히 임하는 것을 경험했다.

마음에 기쁨이 몰려오면서 입술에서는 "주님 한 분만으로 나는 만족해 나의 모든 것 되신 주님 찬양해"라는 찬양이 흘러나왔다. 혼자서 길거리에서 이 찬양을 몇 번이나 부르다가 나도 모르게 스텝을 밟으며 춤을 추기 시작했다.

간혹 그때의 기억이 떠오르면서 이런 질문이 생겼다.

'개척 초기라서 별로 갖춘 것도 없던 그 시절에 내가 주님 한 분만으로 만족한다고 춤을 추며 기뻐했는데, 외관이 너무 화려해진 지금도 내 안에 그때 그 기쁨이 여전한가?'

한 가지 확실한 것은, 지금처럼 교회가 커지고 이름이 알려질 때만 그런 기쁨이 오는 게 아니라는 사실이다. 갖춘 게 별로 없어도 이 찬양의 가사 그대로 "주님 한 분만으로 나는 만족해"라는 내적인 만족이 있다면 내 안에 탐심이 머물 공간은 사라진다.

그렇기 때문에 탐심을 몰아내려고 애쓰기보다는 우리 내면을 주님 한 분만으로 풍족해지도록 채워야 한다. 내면세계가 풍요로울 때, 세례 요한이나 호스트 선교사같이 '주님만 흥하신다면, 나는 망해도 괜찮다. 나는 잊히기 위해 사는 존재'라는 놀라운 고백이 가능하다.

흘려보내는 삶을 실천하라

탐심을 이기는 세 번째 비결은 '흘려보내는 삶'을 실천하는 것이다.

우리가 앞에서 살펴본 장면인데, 한번은 엘리사의 제자가 먹을 것을 가져왔다. 당시는 흉년에다가 여러 가난한 신학도들과 함께 생활하다 보니 결핍이 많은 상황이었다. 그런 상황에서 먹을 것을 가져온 것이다. 열왕기하 4장 42절을 새번역으로 보자.

어떤 사람이 바알살리사에서 왔다. 그런데 맨 먼저 거둔 보리로 만든 보리빵 스무 덩이와, 자루에 가득 담은 햇곡식을, 하나님의 사람에게 가지고 왔다. 엘리사가 그것을 사람들에게 주어서 먹게 하라고 하였더니

왕하 4:42, 새번역

여러 가지로 어려울 때, 제자가 이렇게 먹을 것을 가져오니 얼마나 반가웠겠는가? 그런데 자기도 먹을 게 궁한 상황에서 엘리사는 그것을 공동체 사람들에게 나누어 먹게 하라고 한다.

고신대 신원하 교수님이 쓴 책에 탐욕의 특징을 굉장히 인상 깊게 설명하는 부분이 있었다. 탐욕의 특징 중 하나는 이웃에 대해 무정하고 무관심하게 만든다는 것이다. 탐욕이 내 안에서 차지한 자리가 넓어지면 넓어질수록 이웃에 대해선 무정하고 무관심하게 된다는 것이다. 이건 정말 진리인 것 같다. 그러니 우리는 '탐심을 물리치기 원한다' 정도가 아니라 엘리사처럼 더 적극적으로 이웃에게 흘려보내는 삶을 실천해야 하는 것이다.

폴 스티븐스가 쓴 《일삶구원》이라는 제목의 책이 있다. 그 책에서는 저자는 탐심을 이렇게 정의한다.

"자기가 가진 것보다 더 많은 것을 소유하고자 하는 열망."

이러한 탐심의 반대가 성령의 열매 중에 하나인 '양선'이라고 한다. 양선이 무엇인가? 교회 용어사전에서 찾아보니 '양선'을 이렇게 설명했다.

"단순히 마음이 부드러운 차원을 넘어 적극적으로 선을 행하는 상태."

우리가 탐심을 없애려고 노력하는 것보다 한 걸음 더 나아가서 적극적으로 선한 일, 연약한 이웃을 돌보는 일, 그들을 위해 베푸는 일에 마음을 쓰는 것이 양선이며, 이것이 탐심을 무기력하게 만드는 비결이라는 것이다.

우리는 우리의 성장을 방해하고 성령의 능력을 방해하는 우리 내면의 탐심의 문제를 반드시 해결해야 한다. 그래야 게하시 같은 어리석고 초라한 삶을 살지 않을 수 있다. 탐심에 사로잡혔던 게하시가 어떻게 되었는가?

> 그러므로 나아만의 나병이 네게 들어 네 자손에게 미쳐 영원토록 이르리라 하니 게하시가 그 앞에서 물러나오매 나병이 발하여 눈같이 되었더라 왕하 5:27

그러니 이 세 가지 비결을 꼭 기억해야 한다. 자족과 단순한 삶을 훈련하는 것, 내적인 결핍을 채우는 것, 흘려보내는 삶을 실천하는 몸부림이 있어야 한다. 그럴 때 나의 내면이 주님 한 분만으로 가득 차서 탐심이 물러가는 놀라운 은혜를 경험하게 될 것이다.

▶ 열왕기하 6:8-17

8 그때에 아람 왕이 이스라엘과 더불어 싸우며 그의 신복들과 의논하여 이르기를 우리가 아무데 아무데 진을 치리라 하였더니 9 하나님의 사람이 이스라엘 왕에게 보내 이르되 왕은 삼가 아무 곳으로 지나가지 마소서 아람 사람이 그곳으로 나오나이다 하는지라 … 11 이러므로 아람 왕의 마음이 불안하여 그 신복들을 불러 이르되 우리 중에 누가 이스라엘 왕과 내통하는 것을 내게 말하지 아니하느냐 하니 12 그 신복 중의 한 사람이 이르되 우리 주 왕이여 아니로소이다 오직 이스라엘 선지자 엘리사가 왕이 침실에서 하신 말씀을 이스라엘의 왕에게 고하나이다 하는지라 … 14 왕이 이에 말과 병거와 많은 군사를 보내매 그들이 밤에 가서 그 성읍을 에워쌌더라 15 하나님의 사람의 사환이 일찍이 일어나서 나가보니 군사와 말과 병거가 성읍을 에워쌌는지라 그의 사환이 엘리사에게 말하되 아아, 내 주여 우리가 어찌하리이까 하니 16 대답하되 두려워하지 말라 우리와 함께한 자가 그들과 함께한 자보다 많으니라 하고 17 기도하여 이르되 여호와여 원하건대 그의 눈을 열어서 보게 하옵소서 하니 여호와께서 그 청년의 눈을 여시매 그가 보니 불말과 불병거가 산에 가득하여 엘리사를 둘렀더라

Chapter 11

하나님의 일하심을
보는 눈을 뜨라

우리 인간의 역사가 이렇게 놀랍게 발전할 수 있었던 요인 중에는 좀 더 잘 보려고 하는 인간의 노력이 있었다는 시각의 글을 본 적이 있다. 그 글을 읽고 굉장히 공감했다. 정말 그런 것 같다. 좀 더 잘 보려는 인간의 노력이 얼마나 많은 걸 만들어냈는가?

더 잘 보려는 노력

그중 하나가 '안경'이다. 인간의 약한 시력을 교정하기 위해 안경이 만들어졌는데, 안경은 목사인 내게도 정말 고마운 도구다. 만약 안경이 없었다면 벌써 목회를 그만둬야 했을 것이다. 성경도 안 보이고

책도 읽을 수 없는데 어떻게 설교를 할 수 있었겠는가.

눈이 점점 더 나빠지고 있어서 지금은 내가 쓰는 안경이 총 세 개다. 평상시에 사용하는 다초점 안경이 있고, 책 읽을 때 쓰는 안경, 그리고 컴퓨터를 볼 때 쓰는 안경이 따로 있다. 그래서 아침에 교회로 출근할 때 꼭 안경 두 개를 챙겨 간다.

바쁘게 출근 준비를 하다 보면 가끔 물건을 빠뜨릴 때가 있다. 어지간하면 귀찮아서 도로 가지러 집에 가지 않지만, 안경을 빠뜨리면 반드시 가지러 가야 한다. 왜냐하면 안경이 없으면 하루 일과가 안 되기 때문이다.

그런가 하면 더 멀리 보고자 하는 인간의 욕망이 '망원경'을 만들었고, 또 세밀하게 더 잘 보려고 '현미경'을 만들었다. 심지어는 겉으로 보이지 않는 것을 보려고 만든 '엑스레이'도 있다.

그리고 이것이 점점 발전하여 요즘에는 CT 촬영이나 MRI 촬영 등을 통해 우리 몸의 깊은 곳에 숨어 있는 암세포 같은 것을 다 잡아내는 기술이 생겼는데, 이는 다 더 잘 보고자 하는 인간의 노력에서 만들어진 것이다.

이런 내용을 다루고 있는 《실력보다 안목이다》(김용섭)라는 책이 있는데, 책 중에 이런 내용이 있다.

"덕분에 인류는 항해 시에 먼 곳의 육지를 찾고, 전쟁 시에 적의 동태를 살필 수 있었고, 천체를 관측하고 지동설을 입증했으며, 우주 개발을 계속하고 있고, 미생물과 박테리아를 발견하고, 의료 분야를 발전시켜 생명 연장에 기여하고 있다."

좀 더 잘 보고자 하는 인간의 욕망이 세상에 얼마나 놀라운 발전을 가져왔는지에 대한 이 글을 읽으면서, 나는 참 동의가 되고 공감이 되었다.

그런데 이렇게 아무리 현미경을 만들고 안경을 만들고 심지어 몸 안의 세포까지 들여다볼 수 있는 것들을 만들어내도 절대로 볼 수 없는 게 하나 있다.

안목이 필요하다

우리 인생의 본질을 꿰뚫어 보는 눈, 이게 안목이다. 우리는 안목을 키워야 하는데, 안목은 안경을 쓴다고 해결되는 게 아니다.

돈이 아무리 많아도 안목이 없으면 좋은 옷을 사 입을 수 없다. 굉장히 비싼 옷을 입어도 '저 사람은 옷에 대한 안목이 없구나' 싶은 사람이 있지 않은가? 반면 옷에 대한 안목을 가진 사람은 돈을 많이 들이지 않고 저렴한 옷을 구매하더라도 값으로 매길 수 없는 분위기와 아름다움을 낸다.

결혼할 때 배우자를 고르는 눈 또한 안목 아닌가? 너무 어린 나이에 결혼하는 것을 나는 위험하다고 생각한다. 사람을 보는 안목이 없는 상태로 배우자를 정하고 결혼을 하게 되면 나중에 후회할 일이 생길 수 있기 때문이다.

그리고 사업하는 사람의 얘기를 들어보면 이구동성으로 이렇게 말한다.

"목사님, 돈 있다고 사업하는 게 아니라, 보이지 않는 것을 볼 줄아는 안목이 있어야 사업하는 겁니다."

그런 이야기를 들을 때마다 속으로 생각한다.

'목회도 마찬가지인데.'

목회가 안목 없이 되겠는가? 설교도 마찬가지다. 안목 없이는 성경을 제대로 풀이할 수 없다.

겉모습만 보는, 안목 없는 어리석음

성경에 나오는 인물 중에서 안목이 없어서 망한 인물을 꼽으라면 나는 아브라함의 조카 롯을 꼽는다. 창세기 13장에서 아브라함은 조카 롯과 결별하면서 통 큰 양보를 한다.

> 네 앞에 온 땅이 있지 아니하냐 나를 떠나가라 네가 좌하면 나는 우하
> 고 네가 우하면 나는 좌하리라 창 13:9

삼촌이 이렇게 크게 양보해준 덕분에 롯은 자기가 원하는 땅을 먼저 선택할 수 있게 됐다. 그런데 불행하게도 기껏 잡은 땅이 겉으로 보이기에만 화려한 곳이었다.

이에 롯이 눈을 들어 요단 지역을 바라본즉 소알까지 온 땅에 물이 넉
넉하니 여호와께서 소돔과 고모라를 멸하시기 전이었으므로 여호와
의 동산 같고 애굽 땅과 같았더라 창 19:10

많은 젊은이가 결혼할 때 롯처럼 겉으로 보이는 화려함에 이끌려
섣부르게 결정했다가 두고 두고 후회하는 일이 끊임없이 발생한다.
안목이 없기 때문에 그런 결정을 한 것이다. 결혼하기 전에 사람 보
는 눈을 달라고, 안목을 달라고 하나님께 기도해야 하는 이유가 여
기에 있다.

얼마나 예쁜가, 얼마나 잘생겼는가, 얼마나 돈이 많은가, 얼마나
좋은 차를 타고 다니는가만 눈에 들어온다면 조금 더 보는 눈이 생
긴 후에 결혼하는 것이 좋다고 생각한다.

그래서 나는 우리 아이들에게도 절대 성급하게 서두르지 말라고
한다. 결혼은 서두를 일이 아니다. 그리고 만약 자기가 사람 보는
눈이 없다고 생각된다면, 안목 있는 사람에게 상의하고 의견을 구하
는 것도 좋다.

다른 모든 일도 마찬가지지만, 특히 결혼은 영적인 분별력과 안목
을 가지고 해야 한다. 이 안목은 나이가 든다고 저절로 생기는 게 아
니고, 또 젊다고 없는 게 아니다. 하나님 앞에서 보이지 않는 것을 보
는 능력, 이 안목을 허락해달라고 간절히 구해야 한다.

나는 한 교회의 담임목사로서 은퇴할 때까지 계속해서 끊임없이 구하는 기도 제목이 두 가지 있다.

첫째로 지혜를 달라고 기도한다. 목회하는 내내 하나님께서 지혜 없는 나를 불쌍히 보시고 지혜를 부어주시길 간구한다. "너희 중에 누구든지 지혜가 부족하거든 모든 사람에게 후히 주시고 꾸짖지 아니하시는 하나님께 구하라 그리하면 주시리라"(약 1:5)라는 말씀을 붙들고 간절히 기도한다.

둘째로는 안목을 가진 지도자가 되게 해달라고 기도한다. 이렇게 안목을 달라고 기도하다가 주목하게 된 인물이 있는데, 미국의 윌리엄 헨리 수어드(William Henry Seward)라는 사람이다.

그는 1867년에 러시아가 미국 정부에 알래스카 매각 의사를 밝힐 때 국무장관으로 재직 중이었는데, 미국은 그의 주도로 알래스카를 총 720만 달러에 매입하게 됐다. 알래스카가 얼마나 넓은가? 면적당 가격을 환산한 글을 봤더니, 알래스카 땅 1헥타르당 5센트라고 한다. 물론 그때와 지금의 물가 차이가 많이 나지만, 그때도 그 정도면 거의 헐값으로 매입한 것이라고 한다.

그런데 당시 알래스카를 매입하는 과정에서 많은 사람들이 반대했다고 한다. 얼음덩어리에 불과한 쓸데없는 땅을 사서 뭐 하느냐는 것이었다. 언론사마다 앞다퉈 비아냥거리며 조롱 섞인 기사를 냈는데 그때 기사들 제목이 이랬다.

"우리한테 왜 이토록 거대한 얼음박스가 필요한가."

"우리는 수어드 장관의 냉장고를 매입했다."

"다 빨아먹은 오렌지를 매입했다."

이렇듯 조롱 섞인 기사와 수많은 반대가 있었지만, 그것을 무릅쓰고 알래스카를 매입했더니 그 후에 어떻게 됐는가? 놀랍게도 그 땅에서 금, 은, 석유 등의 엄청난 지하자원이 발견되었다. 지금은 명실상부 미국의 효자 땅이 되었다. 그리고 지정학적으로도 구소련과 군사 경쟁을 벌일 때 구소련 바로 코앞인 알래스카에 미사일을 배치하여 얼마나 큰 효과를 보았는지 모른다.

나는 온갖 조롱 속에서도 그 일을 주도했던 윌리엄 수어드 장관이 의회를 설득할 때 했던 연설에 주목했다.

"저는 눈 덮인 알래스카를 바라보고 그 땅을 사자는 것이 아닙니다. 저는 그 안에 감추어진 무한한 보고, 이 보물 창고를 바라보고 사자는 것입니다. 저는 우리 세대를 위해서 그 땅을 사자는 것이 아닙니다. 저는 다음세대를 위해서 그 땅을 사자는 것입니다."

이게 바로 지도자가 가진 안목 아니겠는가? 아무도 보지 못했고 볼 수 없었던 그 상황에서 그는 멀리 내다보고 우리 세대가 아니라 우리의 다음세대를 위하여 이걸 준비해야 한다고 설득했다. 그 한 사람, 안목 있는 지도자의 영향력이 이렇게 중요한 것이다.

이 글을 읽을 때마다 우리도 이런 지도자를 만나면 얼마나 좋을까 생각한다. 그러면서 한편으로 두려운 마음이 생긴다. 한 교회를 담임하는 목사 입장에서 내게 이런 영적인 안목이 없을까 봐, 그래서 성도들을 옳은 길이 아닌 그른 길로 이끌까 봐 두렵다.

나도 윌리엄 수어드 장관처럼 보이지 않는 부분을 볼 수 있는 영적인 안목을 가진 지도자로서 목회할 수 있기를 간절한 목마름으로 기도한다.

한 교회를 담임하는 나의 목마름과 한 가정의 부모로서 자녀들을 돌보고 양육하는 아버지, 어머니들의 기도 제목이 같아야 하지 않겠는가?

우리가 구해야 하는 것은 영적인 안목이다. 안목을 가지고 자녀들을 기를 때, 그 아이들에게 혼란이 없을 줄 믿는다.

안목 있는 한 사람의 영향력

본문에서도 지도자 한 사람이 가진 영적인 안목의 위력을 느낄 수 있는데, 열왕기하 6장은 북이스라엘과 아람과의 전쟁 중에 일어난 사건을 다루고 있다. 아람 왕이 계속 기습 공격 작전을 펼치고 있는데 계획한 대로 일이 잘 풀리지 않았다.

북이스라엘의 허를 찌르기 위해 기습 공격을 감행하면 어떻게 알았는지 이스라엘 군사들이 길목을 지키고 있어서 번번이 기습 공격에 실패하는 것이다. 이게 어떻게 된 일인지 내막을 알아봤더니 북이스라엘의 엘리사 선지자 때문이라는 것이다.

그 사실을 알게 된 아람 왕이 엘리사 선지자를 잡으려고 중무장한 군대를 보내어 성읍을 포위했다.

> 왕이 이르되 너희는 가서 엘리사가 어디 있나 보라 내가 사람을 보내어 그를 잡으리라 왕에게 아뢰어 이르되 보라 그가 도단에 있도다 하나이다 왕이 이에 말과 병거와 많은 군사를 보내매 그들이 밤에 가서 그 성읍을 에워쌌더라 왕하 6:13,14

이런 내용을 담고 있는 본문 말씀을 묵상하면서 새삼 영적인 안목을 가진 지도자 한 사람의 위력을 느끼게 된다. 겉으로 보기엔 위기를 만난 이스라엘의 상황이었다. 하지만 이것을 바라보는 엘리사 선지자와 그의 시종의 시각에는 많은 차이가 있었다.

본 장에서는 이 부분에 대해 살펴보려고 하는데, 겉으로 보여지는 상황은 위기가 분명하다. 그러다 보니 엘리사 선지자의 종이 놀라 두려움에 휩싸인다.

> 하나님의 사람의 사환이 일찍이 일어나서 나가보니 군사와 말과 병거가 성읍을 에워쌌는지라 그의 사환이 엘리사에게 말하되 아아, 내 주여 우리가 어찌하리이까 하니 왕하 6:15

그런데 적들이 중무장하여 성읍을 에워싸고 있다는 보고를 받은 엘리사는 의외의 반응을 보인다.

> 대답하되 두려워하지 말라 우리와 함께한 자가 그들과 함께한 자보다
> 많으니라 하고 왕하 6:16

나는 이런 내용을 다룬 본문 말씀이 매우 흥미롭다. 지금 두 사람이 똑같은 상황을 보고 있는데, 그 반응이 너무도 다르다. 어떻게 똑같은 상황을 보고 있는데 반응이 이렇게 다를 수 있나? 왜 한 사람은 절망해서 탄식하는데, 다른 한 사람은 이렇게 여유로운가?

대답은 간단하다. 엘리사의 종은 눈에 보이는 절망적인 상황만 보고 있지만, 엘리사 선지자는 영적인 안목을 가지고 그 상황을 보고 있기 때문이다.

영적인 안목이 없는 엘리사의 젊은 종은 그 상황을 보고 기절할 듯이 놀란다. 영적인 안목이 없는 사람들은 삶 자체가 낙심이고 절망이다. 이 젊은 종처럼 말이다.

당신은 어떻게 살고 있는가? 눈 뜨면 불안하고, 눈 감으면 심장이 두근거려 잠이 안 오는가? 언제까지 불안으로 하루를 시작하고 두려움으로 잠 못 이루는 생활을 계속할 것인가? 눈에 보이는 게 다가 아니다. 배후에 하나님이 계신다. 이것을 못 보니까 매일 두려움에 떠는 인생을 살 수밖에 없다. 무엇을 보느냐, 어디까지 보느냐가 그 사람을 결정한다.

내가 자주 언급하지만, 다윗의 인생은 목동으로 시작했다. 그런데 그의 마지막은 위대한 왕으로 마무리했다. 이것이 가능했던 비결을 나는 시편 23편에서 찾는다.

여호와는 나의 목자시니 내게 부족함이 없으리로다 시 23:1

다른 목동들은 눈에 보이는 것밖에는 못 봤다. 풀, 나무, 양, 산 정도가 전부였다. 눈에 보이는 것밖에 못 보니, 삶이 권태롭다. 하루 종일 양이나 모는 자기 처지를 한탄하며 '내 꼴이 이게 뭐야'라고 하소연할 때, 다윗에게는 다른 목동들이 보지 못했던 푸른 초장 너머의 세계를 보는 눈이 있었다. 이것이 다윗을 다윗 되게 만든 것이다. 이것이 내가 말하는 영적인 안목이다.

본문의 주인공 엘리사도 마찬가지다. 악한 적들이 자기를 잡기 위해 에워싸고 있는 그 상황을 육안으로만 보면 절망이다. 이제 꼼짝없이 죽은 목숨이다. 그러나 그럴 때 필요한 것이 영적인 안목이다. 엘리사 선지자에게는 영적인 안목이 있었기에 젊은 종이 보지 못했던 여호와의 군대를 볼 수 있었던 것이다.

나는 우리 모두가 다윗과 엘리사와 같은 영적인 안목을 갖추게 되기를 바란다. 영적인 안목이 있는 자만이 가질 수 있는 영적인 상상력을 회복할 때, 권태로운 직장생활에 새로운 활력이 일어날 것이며,

반복되는 일상생활에 새로운 기쁨이 솟을 것이다.

더 잘 보려고 기도하고 노력하라

이런 차원에서 우리가 힘써 구해야 할 것이 두 가지가 있다.

첫째는, 우리가 영적으로 '좀 더 잘 보려고' 노력해야 한다는 것이다.

하나님께 간절히 기도해야 한다. 영적인 안목을 달라고. 영안을 열어달라고 기도해야 한다. 그저 교회에 왔다갔다해서는 안 된다. 영안을 밝게 하기 위해 노력해야 한다.

> 우리 주 예수 그리스도의 하나님, 영광의 아버지께서 지혜와 계시의
> 영을 너희에게 주사 하나님을 알게 하시고 **'너희 마음의 눈을 밝히사'**
> 그의 부르심의 소망이 무엇이며 성도 안에서 그 기업의 영광의 풍성함
> 이 무엇이며 엡 1:17,18

이 말씀은 바울이 불신자들에게 전도하며 하는 말이 아니다. 이미 예수님을 믿고 영안이 열린 에베소교회 성도들을 위해 하는 기도이자 권면이다. 사도 바울은 에베소교회 성도들의 '마음의 눈을 밝혀주시길' 기도하고 있다.

이것이 무엇을 의미하는가? 이미 예수 믿었어도, 예수 믿고 영안이

열렸어도 내버려두면 어두워질 수 있다는 것이다. 이것이 이 말씀의 전제다.

이 사실을 기억하라. 내버려두면 어두워진다는 사실을. 이 사실을 기억한다면 절박하게 구해야 한다.

"하나님, 영안을 열어주소서. 영안이 어두워지지 않도록 마음의 눈을 밝혀주시길 원합니다."

이런 점에서 우리는 시편 119편 말씀을 기억해야 한다.

> 주의 종을 후대하여 살게 하소서 그리하시면 주의 말씀을 지키리이다
> **'내 눈을 열어서'** 주의 율법에서 놀라운 것을 보게 하소서 시 119:17,18

하나님의 능력과 말씀이 없는 게 아니라 우리의 눈이 어두워져버린 것이다. 그러니 말씀의 능력을 체험하지 못하고 말씀대로 살지 못하는 것이다.

예전에 처음 예수님을 믿고 밤새 찬양하며 하나님 앞으로 달려갔던 눈, 그 눈이 어쩌다 이렇게 어두워졌는가? 나이가 들면서 육신의 눈도 자꾸 어두워지는데, 영적인 눈까지 어두워져서야 되겠는가? 그러니 날마다 구해야 한다.

"하나님, 마음의 눈을 밝혀주시기를 원합니다."

왜 우리는 영적인 안목을 유지할 수 없는가? 우리가 이 땅을 살아가면서 하나님으로부터 온 것이 아니라 세상으로부터 온 육체의 쾌

락과 눈의 쾌락을 좇기 때문이다. 그래서 점점 영안이 어두워져 가는 것이다.

> 이는 세상에 있는 모든 것이 육신의 정욕과 안목의 정욕과 이생의 자랑이니 다 아버지께로부터 온 것이 아니요 세상으로부터 온 것이라
>
> 요일 2:16

이 부분을 공동번역에서는 이렇게 표현했다.

> 세상에 있는 모든 것, 곧 육체의 쾌락과 눈의 쾌락을 좇는 것이나 …
>
> 요일 2:16, 공동번역

몇 년 전에 남편을 계곡에서 살해한 혐의로 무기징역을 받은 사건이 있었다. 나는 그 사건을 보면서 '인간이 어디까지 악해질 수 있는가'라는 생각을 하면서 한편으로는 그 범인이 정말 어리석다는 생각이 들었다.

기사에 보니, 그 남편은 아내에게 정말 지고지순한 사랑을 주었다고 한다. 아내가 자기를 이용한다는 걸 뻔히 알면서도 온 마음을 다해서 아내를 사랑했다는 것이다.

그 젊은 여인이 가진 비극이 뭔가? 자신을 향한 지고지순한 남편의 사랑엔 관심이 없고 돈만 바라보다가 그런 끔찍한 짓을 저지르고

만 것이다.

이 사람이 어쩌다 이렇게 되었는가? 영안이 어두웠기 때문이다. '남편의 사랑이 뭐가 중요해? 돈만 있으면 되는데'라는 생각이 그런 끔찍한 결과를 초래한 것이다. 요한일서 2장 16절의 말씀처럼 영안이 어두운 채로 육체의 쾌락과 눈의 쾌락을 좇았기 때문이다.

지금 세상이 얼마나 혼미한가? 한 치 앞을 알 수 없는 불안하고 두려운 세상 아닌가? 이런 세상을 살아가는 우리이기에 하나님께 영안을 열어달라고 간절히 구해야 한다. 그래야 혼미한 이 세상에서 세상의 것에 흔들리지 않고 세상 너머의 것을 볼 수 있게 된다.

어두운 이 시대에 교회가 제 역할을 잘 감당하기 위해서는 엘리사 선지자와 같은 영적인 안목을 가진 분들이 많이 나와야 한다. 그래서 영안이 닫힌 자들을 인도하고, 그들 앞에 대안을 제시하는 그런 하나님의 사람과 하나님의 공동체가 되기를 바란다. 이 땅의 교회들이 그러한 사명을 다 감당하게 되기를 기도한다. 그러기 위해 영안이 열리기를, 더 잘 보게 되기를, 마음의 눈이 어두워지지 않고 밝아지기를 하나님 앞에 간구하고 간구해야 한다.

자녀들의 영적인 안목을 위해 기도하라

둘째로, 우리는 '다음세대 자녀들이' 영적으로 좀 더 잘 볼 수 있도록 도와야 한다.

본문 17절에 보면 엘리사가 자신의 젊은 종을 위해서 기도한다.

> 기도하여 이르되 여호와여 원하건대 '**그의 눈을 열어서 보게 하옵소서 하니**' 여호와께서 그 청년의 눈을 여시매 그가 보니 불말과 불병거가 산에 가득하여 엘리사를 둘렀더라 왕하 6:17

나는 여기 나와 있는 엘리사 선지자처럼 기성세대인 부모나 교회 지도자들이 마음의 부담감을 가지고 기도해야 할 책임이 있다고 생각한다. 다음세대의 청년들과 청소년들이 이 악하고 혼미한 세상의 속임수에 넘어가지 않으려면 엘리사가 가진 영적인 안목으로 무장해야 한다고 생각한다.

그렇기 때문에 우리 자녀들이 좋은 대학에 가고 좋은 직장에 가는 것을 위해서도 기도하며 애써야 하겠지만 그보다 더 중요하게 자녀들의 영안이 열리도록 기도해야 한다.

우리 어머니는 어릴 때부터 나를 위해 이렇게 기도하셨다.

"하나님, 우리 아들 찬수가 요셉과 같이 한 시대에 쓰임 받는 아들 되게 해주시기 원합니다."

어머니의 평생 소원이 아들이 목사가 되는 것이었는데, 내가 정말 목사가 되었다. 아들이 목사가 됐으니 발 뻗고 편히 지내셨으면 좋았을 텐데, 어머니는 돌아가시기 직전까지 날 걱정하시며 기도하셨다. 어머니께는 아들이 목사가 된 것으로 끝이 아니었다. 무엇이 더 남았는가? 어머니는 목회하는 아들인 내가 엘리사 선지자처럼 영안이 열려 안목과 통찰력으로 목회하기를 원하셨던 것이다.

우리 부모들이 자녀를 위해 좋은 옷을 사주고, 영양가 있는 음식을 해 먹이고, 학원을 보내고 과외를 해주는 것, 다 좋다. 다 좋은데, 기도를 안 하는 게 문제다.

자녀를 위해 기도해야 한다. 우리 자녀들이 살아갈 시대는 얼마나 혼미한 시대인가? 이 혼미한 시대에 헷갈리지 않는 안목을 주시기를, 보이지 않는 세계를 볼 줄 아는 영안을 열어주시기를 간절히 기도해야 한다.

부모가 영적인 눈으로 볼 때 자녀에게 꿈이 전달된다

요즘 유명한 크리스천 유튜버 중에 박위 형제가 있다. 박위 형제는 유명한 의류 회사에서 인턴으로 일하다가 정규직 전환 소식을 듣고 친구들과 함께 축하 파티를 하다가 술에 취해 건물 낙상 사고로 전신마비 판정을 받았다.

그러나 박위 형제는 그 위기 속에서도 좌절하지 않고 불편한 몸을 이끌고 '위라클'이라는 유튜브 채널을 운영하며 많은 이들에게 도전을 주는 삶을 살고 있다. 그가 강의하러 다닐 때마다 사고 당시 목뼈가 어긋나서 척추신경이 끊어졌던 MRI 사진을 보여주는데, 그 사진을 어떻게 구했나 봤더니, 어머니께서 찍어두셨다는 것이다.

사고 직후, 박위 형제가 의식 없이 누워 있을 때 그 어머니가 MRI 사진이나 당시의 정황들을 다 카메라에 담아 놓으셨다. 그러면서 이 형제가 깨어나자 어머니가 이런 말씀을 하셨다고 한다.

"네가 나중에 간증할 때 증거 자료가 필요할 테니, 내가 다 찍어놨다."

전율이 느껴지지 않는가? 아들의 현실은 전신마비로 몸을 못 움직인다. 그런 상황에서도 어머니는 영적인 안목을 가지고 이야기하시는 것이다.

"넌 이렇게 안 끝난다. 너 회복될 수 있다. 나중에 하나님이 너를 통해 어떻게 일하셨는지, 어떻게 회복시켜주셨는지 많은 사람에게 나누고 간증할 때, 그때 증거 자료로 사용하라고 내가 이 MRI 사진을 찍어놨다."

뭘 의미하는가? 부모인 어머니가 먼저 영적인 안목을 가지고 하나님나라를 바라보고는 그 사실을 아들에게 꿈으로 전해주는 것이다. 나는 이게 부모의 역할이라고 생각한다.

본문 말씀에서도 엘리사 선지자가 두려워 떠는 젊은 종에게 그 역할을 감당했다. 15절을 다시 보자.

> 하나님의 사람의 사환이 일찍이 일어나서 나가보니 군사와 말과 병거가 성읍을 에워쌌는지라 그의 사환이 엘리사에게 말하되 아아, 내 주여 우리가 어찌하리이까 하니 왕하 6:15

눈에 보이는 현실만 보고 두려워 절규하듯 소리치는 젊은 종에게
엘리사가 말한다.

대답하되 두려워하지 말라 우리와 함께한 자가 그들과 함께한 자보다
많으니라 하고 왕하 6:16

혼미한 이 시대로 인해 낙심하고 두려워하는 청년들을 향하여 우리가 할 수 있는 말은 이것이다.

"두려워하지 마라. 네가 지금 낙심하여 쓰러졌다고 해도 끝이 아니다. 하나님이 일하신다. 일어날 수 있다. 두려워하지 마라."

이런 부모가 되고, 이런 믿음의 선배들이 되기를 바란다. 나는 이런 도전을 줄 수 있는 목사가 되기를 간절히 바라고 또 바란다.

본문을 묵상하면서, 그리고 박위 형제를 생각하면서 나는 계속 바디매오가 떠올랐다. 앞을 못 보는 거지였던 바디매오는 주님 앞에서 자기를 불쌍히 여겨달라고 최대한 크게 부르짖었다. 주변 사람들이 "조용히 해"라고 하며 꾸짖어도 절대고 거기에 굴하지 않고 더 크게 소리 질렀다.

"나사렛 예수여 나를 불쌍히 여기소서!"

그는 왜 그렇게 소리를 쳤는가?

예수께서 말씀하여 이르시되 네게 무엇을 하여 주기를 원하느냐 맹인

이 이르되 선생님이여 보기를 원하나이다 막 10:51

절박했기 때문이다. 그는 절박함으로 소리쳤다. 우리가 잃어버린 게 바로 이 '절박함'이다. 좌절하고 그냥 끝인가? 건물에서 떨어져 전신마비 판정을 받고 몸을 움직이지 못하면, 그렇게 누워서 포기하는 것인가?

아들의 절망적인 현실 너머에서 일하시는 하나님을 보았던 박위 형제의 어머니처럼, 우리도 이 안목을 구해야 한다. 안목을 열어주시는 분은 하나님이시기 때문이다. 하나님께 기도하며 구할 때 다윗처럼 푸른 초장 너머의 세계를 볼 줄 아는 영안이 열릴 것을 믿는다. 그리고 이것이 우리 자녀들에게 선한 영향력이 되기를 기도한다.

엘리사가 가졌던 영적인 안목을 가지고 혼미한 이 세상을 하나님의 리더로 승리하며 살아갈 수 있기를 간절히 바란다.

갑절의 영감을 주옵소서

초판 1쇄 발행	2024년 8월 7일
지은이	이찬수
펴낸이	여진구
책임편집	이영주 박소영
편집	최현수 안수경 김도연 김아진 정아혜
책임디자인	조은혜 ǀ 마영애 노지현 이하은
홍보 · 외서	진효지
마케팅	김상순 강성민
제작	조영석 허병용

마케팅지원 최영배 정나영
경영지원 김혜경 김경희

303비전성경암송학교 유니게 과정
이슬비전도학교 / 303비전성경암송학교 / 303비전꿈나무장학회

펴낸곳 규장

주소 06770 서울시 서초구 매헌로 16길 20(양재2동) 규장선교센터
전화 02)578-0003 팩스 02)578-7332
이메일 kyujang0691@gmail.com 홈페이지 www.kyujang.com
페이스북 facebook.com/kyujangbook 인스타그램 instagram.com/kyujang_com
카카오스토리 story.kakao.com/kyujangbook
등록일 1978.8.14. 제1-22

ⓒ 저자와의 협약 아래 인지는 생략되었습니다.
이 출판물은 저작권법에 의해 보호를 받는 저작물이므로 무단 전재와 무단 복제를 할 수 없습니다.

책값 뒤표지에 있습니다.
ISBN 979-11-6504-548-7 03230

규 ǀ 장 ǀ 수 ǀ 칙

1. 기도로 기획하고 기도로 제작한다.
2. 오직 그리스도의 성품을 사모하는 독자가 원하고 필요로 하는 책만을 출판한다.
3. 한 활자 한 문장에 온 정성을 쏟는다.
4. 성실과 정확을 생명으로 삼고 일한다.
5. 긍정적이며 적극적인 신앙과 신행일치에의 안내자의 사명을 다한다.
6. 충고와 조언을 항상 감사로 경청한다.
7. 지상목표는 문서선교에 있다.

하나님을 사랑하는 자 곧 그의 뜻대로 부르심을 입은 자들에게는 모든 것이 合力하여 善을 이루느니라(롬 8:28)

규장은 문서를 통해 복음전파와 신앙교육에 주력하는 국제적 출판사들의
협의체인 복음주의출판협회(E.C.P.A:Evangelical Christian Publishers
Association)의 출판정신에 동참하는 회원(Associate Member)입니다.